# Amparadores do INVISÍVEL

# Amparadores DO INVISÍVEL

Psicografia de
Christina Nunes

Pelos espíritos
Caio Fábio Quinto e
Marcus Licínio

LÚMEN EDITORIAL

**Amparadores do Invisível**
pelos espíritos Caio Fábio Quinto e Marcus Licínio
psicografia de Christina Nunes

1ª edição — agosto de 2009

Direção editorial: *Celso Maiellari*
Revisão: *Alessandra Miranda de Sá*
Diagramação e capa: *SGuerra Design*
Impressão e acabamento: *Orgrafic Gráfica*

Dados Internacionais de Catalogação na Publicação (CIP)
(Câmara Brasileira do Livro, SP, Brasil)

Quinto, Caio Fábio (Espírito).
Amparadores do invisível / pelos espíritos Caio Fábio Quinto, Marcus Licínio ; psicografia de Christina Nunes. -- São Paulo : Editora Lúmen, 2009.

1. Espiritismo 2. Psicografia 3. Romance espírita I. Licinio, Marcus. II. Nunes, Christina. III. Título.

09-06567 CDD-133.9

Índices para catálogo sistemático:

1. Romance espírita psicografado : Espiritismo 133.9

LÚMEN EDITORIAL

Rua Javari, 668
São Paulo — SP
CEP 03112-100
Tel./Fax: (0xx11) 3207-1353

visite nosso site: www.lumeneditorial.com.br
fale com a Lúmen: atendimento@lumeneditorial.com.br
departamento de vendas: comercial@lumeneditorial.com.br
contato editorial: editorial@lumeneditorial.com.br

2009

A todos os que sofrem; aos que desistiram e abriram mão da esperança, este testemunho, na certeza da eterna renovação no amanhã.

Caio Fábio Quinto

# Sumário

# Prefácio

Ler adoça a alma, amplia os horizontes, enriquece o vocabulário, incentiva-nos a buscar o aprendizado...

Mostra-nos novos caminhos, alivia dores, enobrece a existência, instrui, esclarece, conforta, ensina...

Infinitos são os benefícios que nos trazem os livros e a leitura. Aliás, os livros são grandes companheiros, coerentes, que respondem na hora certa e explicam em tempo oportuno.

Além do mais, a leitura e os livros abrem portas ao contato social. Sim, mais do que os personagens das histórias, os livros nos apresentam personagens reais, seres humanos dotados de potencialidades, virtudes e habilidades. O livro presenteia-nos com amigos. E foi por intermédio dos livros e da leitura que conheci Christina Nunes e seu belíssimo trabalho na literatura, trabalho esse desenvolvido com seu mentor espiritual: Caio Fábio Quinto.

De estilo elegante e envolvente, seus textos e artigos são esclarecedores, e é de extrema importância destacar: falam de amor, de sentimentos, emoções e desafios que o ser humano enfrenta em sua romagem terrena.

Imperioso, ainda, salientar a afinidade existente entre Christina e Caio Fábio Quinto, porquanto bem sabemos que o trabalho de psicografia é sempre em conjunto envolvendo as esferas do plano material e espiritual. O codificador da Doutrina Espírita, Allan

Kardec, destaca em *O Livro dos Médiuns* a importância do médium nas comunicações, ou seja, a relevância da afinidade entre o autor encarnado e o desencarnado. Tal afinidade o leitor poderá conferir na obra *Amparadores do Invisível.*

E neste livro, que tenho o prazer de prefaciar, Christina Nunes e Caio Fábio Quinto dividem a autoria com o espírito Marcus Licínio no desenvolvimento da trama que fala de instrução, de amor e dos desafios da educação da criatura humana. Educar-nos, portanto, é nossa maior tarefa, uma vez que, ao fazê-lo, estabeleceremos objetivos bem delineados à nossa existência. Educar-nos no sentido espiritual, buscando a reforma íntima e a melhoria como seres humanos. A presente obra, portanto, tem o objetivo de oferecer subsídios para a educação do ser humano. Aliás, vai além e oferece mensagem de conforto e esperança, ensinando que não estamos sozinhos em nossos desafios; temos, por misericórdia divina, diligentes mentores a guiar nossos passos, com e por amor.

A você, caro leitor e leitora, nossos votos de boa leitura. Que a obra *Amparadores do Invisível* contribua para a reflexão dos porquês de sua existência.

Aos autores espirituais e à amiga Christina Nunes, nossos parabéns pelo belo livro; muitos outros virão com certeza. Deixo, pois, aos cuidados dos leitores a apreciação de belo poema provindo do notável Castro Alves, que fala da importância dos livros e da leitura:

*O livro e a América*

Oh! Bendito o que semeia
Livros... livros à mão-cheia...
E manda o povo pensar!
O livro caindo n'alma
É germe — que faz a palma,
É chuva — que faz o mar.
[...]

*Wellington Balbo, Bauru, fevereiro de 2009.*

# *Introdução*

O Amor é a base. Motivação e finalidade maior. A excelência humana em si. É sempre esse sentimento, portanto, que antecede a iniciativa de se orientar, amparar, proteger, instruir.

A ação do amparador, guia, mentor ou instrutor espiritual é originada, portanto, e primordialmente, nesse Amor — na representação da excelsitude humana, florescente no cerne da alma —, e não apenas naquele tipo de amor eivado dos estigmas da paixão, mas no outro, autêntico, amadurecido, consciente e portador das claridades características da universalidade, que abraça a todos e a toda a Criação, com suas luzes de entendimento, compaixão e compreensão.

Assim, nas paragens invisíveis do mais além das fugazes experiências materiais terrestres, não nos basta demonstrar a intenção de guiar ou proteger aqueles que, mergulhados nos desafios das lutas reencarnatórias, são alvo do nosso zelo afetuoso, sob o patrocínio destas ou daquelas determinantes pessoais. É-nos imperativa, antes, a tomada plena de consciência do que implica tarefa tão nobre, uma vez que tão precisada da abnegação dos fortes e dos amadurecidos espiritualmente, tanto quanto sejam amorosos de índole; dos dispostos a despojar-se de todo um universo de ideias preconcebidas e vigorosamente arraigadas a pulso das vivências rudes do decorrer infindo dos séculos, com o fim de clarificação maior, por intermédio de uma renovação precisa que nos predisponha à indispensável compreensão de que, por amor daqueles sob os nossos cuidados, não nos bastará, por prioridade pura e simples, o impulso de protegê-los. Protegê-los de outros que, de dentro da nossa visão fragmentada da vida, comparecem-nos ao entendimento como ameaças — a ameaça do desconhecido, que mais não se trata do que daquilo que ainda não logramos entender. Protegê-los, como as mães pressurosas intentam no mais das vezes de dentro do seu desculpável excesso de zelos, das vivências difíceis, cujos resultados, nada obstante o preço áspero do sofrimento, serão a evolução mais rápida na direção dos patamares elevados do amadurecimento espiritual.

Sem embargo, a primeira pergunta dirigida a todo candidato sincero à tarefa de orientação do próximo com base nas estâncias invisíveis da vida é qual a intenção que o compele. À qual a resposta invariável, imediata, unânime, é a preocupação — a ânsia de proteção e de auxílio, com base na solidariedade e no amor, pelos inumeráveis vínculos afetivos deixados na retaguarda das lutas materiais. E, a partir disso, enseja-se, oportuna, a primeira e séria noção a ser incutida nos futuros Amparadores do invisível, que desde sempre nos assistiram durante nossas romagens terrenas.

Proteger, sim — imbuídos de amor, acima de qualquer outra determinante —, mas protegê-los, antes de tudo, *de si mesmos*! Guiá-los no rumo do saneamento objetivo das próprias limitações e fraquezas; induzi-los a acertar o passo ao largo da reincidência nos seus enganos, porque é a partir disso que se verão naturalmente protegidos: no reconhecimento das suas forças e de seus valores adormecidos, que lhes permitirão o acerto e, por conseguinte, situar-se, afinal, nas dimensões mais gratas da vida no universo, com base nos próprios méritos.

Esta obra, destarte, é o depoimento, neste contexto, do Amparador da médium — amigo e companheiro das lides infindas nos episódios do passado milenar evolutivo. Pude iniciá-lo nesse labor; acompanhei-lhe o progresso com alegria; dividimos lições valiosas e experiências imorredouras.

Seu testemunho, portanto, reverterá em esclarecimento fértil e prazeroso acerca do que constitui a realidade dessa atividade peculiar nesses novos tempos de despertar espiritual mais intenso, e no prosseguimento do caminho gratificante e inestimável da evolução conjunta de grupos inumeráveis que, no auxílio recíproco, desfrutam a graça indescritível da ascensão às esferas das luzes maiores no universo. Sempre de mãos dadas com os que, em número crescente, lhes dizem mais aos corações. Em afeição fraternal, e em qualquer tempo com Jesus à frente dos nossos passos e propósitos.

*Marcus Licínio*

## Capítulo I

# Do zelo amoroso

Talvez quase sempre, de dentro de uma inconsciência das causas, por toda parte mães e pais zelam pelo bem-estar de seus filhos, defendendo-os das eventuais contingências que lhes venham ameaçar a integridade física, psicológica e emocional, naquele período transitório de vulnerabilidade que compreende os primeiros anos em cada jornada da vida material. Sei porque, como tantos, já fui pai ansioso em incontáveis situações, e, dentre tantas, em algumas incomuns, em que me via involuntariamente apartado de meus filhos, ou forçosamente distanciado do cotidiano deles. Conheço, portanto, como vocês, os agrilhões da alma; os pesares, eventuais culpas e zelos que povoam a passagem lenta das horas, consumindo-nos os pensamentos turbilhonantes a respeito da trama da vida desses que nos são mais caros; acerca dos seus desafios e do alcance do nosso poder de influenciação e auxílio, em plena consciência, todavia, de que no fim as decisões são individuais, pertencentes ao sagrado universo do livre-arbítrio, e de que, mesmo em se tratando dos nossos filhos, não logramos invadir, aí, esse terreno sagrado do aprendizado humano, por melhores sejam nossas intenções ou pretextos, a partir da época em que eles próprios já envidam imprimir aos rumos o curso que julgam mais adequado.

Assim, dessa ótica, amigos zelam por amigos com quem compartilham maior empatia, dentro ou fora do ambiente familiar consanguíneo; parceiros profissionais, em plena comunhão de iniciativas e interesses caracterizadores de seus pendores semelhantes, resguardam-se entre si no decorrer dos desafios do trabalho cotidiano. Observa-se, assim, de forma generalizada no contexto da vida humana, o natural impulso e a necessidade de apoio e amparo àqueles por quem nutrimos amor e simpatia, envidando-se o possível a fim de auxiliá-los na manutenção da sua felicidade e de conservar à distância as ameaças à sua tranquilidade — segundo entendemos como tal — ou quaisquer situações que lhes comprometam, porventura, o sossego. Agimos movidos por compreensão e solidariedade. Mobilizados pelo amor e pela identidade de sentimentos, experimentamos, com facilidade, a sensação de ser nossos cada alegria e cada dissabor que agitam os corações desses a quem distinguimos com os nossos cuidados, com a nossa atenção.

A passagem para o outro plano da vida não desfigura essa realidade: o zelo amoroso, imperecível, louvável nos seus propósitos, inerente a todos os que vivenciam em comum as nobres emoções da benquerença. E, como não poderia deixar de ser, é esse mesmo sentimento o que empolga o coração de cada um que, das dimensões espirituais da vida, e ciente das recompensas com que a eternidade presenteia a todo que alcança vencer valorosamente o seu aprendizado na materialidade, aguarda com ansiedade o reencontro com os que deixou na vida corpórea, intentando, por sua vez, resguardá-los das armadilhas que lhes possam vir a comprometer de forma mais crítica os resultados das provas a que se submeteram durante o período de obscurecimento consciencial nas reencarnações. Armadilhas que — importante ressaltar — resultam em grande soma de causas que residem, em primeiro lugar, no imo de si mesmos!

Pretendo, na oportunidade deste trabalho literário, valer-me da minha intermediária para oferecer meu testemunho pessoal. Porque, junto a ela e a outros mais, exercendo hoje o grato desempenho como Amparador das paragens invisíveis circundantes do orbe, não foi outro, de início, o móbil que determinou a minha atuação nesse sentido, após extenso período preparatório não exatamente fácil ou isento de escolhos, durante o qual se fizeram imprescindíveis a presença e a orientação dos amigos mais experientes desta esfera da vida, que me traduziram a urgência de revisão de noções e de conceitos demasiadamente pessoais e egoístas; que, pouco a pouco, auxiliaram-me na visão indispensável de que, de dentro do nobre anseio de proteção e de orientação destes a quem amamos, não nos bastam apenas os ensaios de um amor que cobra, antes, o devido amadurecimento possibilitador de se proteger sem as amarras prejudiciais do protecionismo unilateral; sem as intenções estreitas, embora proclamadoras, de razões justas, que não consideram todas as insuspeitadas determinantes de uma situação; amor, certo, permeado de profunda ternura, mas que não pode prescindir das sutilezas do bom senso que nos capacitam a instilar, nos alvos deste sentimento, a noção justa de sua capacidade e valor, a partir dos quais certamente superam, de mérito, seus dilemas de percurso, limitações, receios e inseguranças, até ao ponto em que, afinal, assumam em consciência sua melhor condição íntima em todos os sentidos possíveis, realizando definitivamente um padrão espiritual mais apurado que os alce aos voos mais altos e recompensadores da jornada evolutiva.

É este universo pouco explorado na literatura espiritualista disponível nos dias que correm que pretendo analisar sucintamente para o tanto que o tema comporta. A área de atuação pouco conhecida dos Amparadores e instrutores espirituais que, a partir da vida dita invisível, os acompanham, sob o apanágio do indelével sentimento amoroso que, mais do que protegê-los, objetiva orientá-los no rumo do alcance definitivo da felicidade atingida nos cumes gradativamente mais claros e mais elevados da trajetória do espírito em direção às estâncias avançadas da vida no infinito.

## Capítulo II

# Nossos protegidos

Nossos protegidos em situação de reencarnados são um universo em si. Cada qual não exprime, pura e simplesmente, e de maneira estática em determinado momento, a conjuntura total de suas personalidades, com as quais interagimos e nos afinizamos via sintonia do padrão vibratório ou empatia no nível evolutivo. Muito mais existe para além desse repertório que nos é familiar no território conhecido das nossas vivências em comum, em razão de a evolução humana representar processo mutável de momento para momento, em acordo com a multiplicidade sempre inédita das nossas experiências. De forma que estes a quem amamos e a quem dedicamos cuidados possuem todo um vasto histórico de ações, interações e reações para com o contexto da vida como um todo, e para com um sem-número de irmãos outros que lhes compartilharam a jornada milenar, compondo-se, assim, um aparentemente inextricável mosaico a trama pregressa das suas várias existências, neste como noutros planos de evolução.

Esse todo inextricável é que demanda uma análise crítica acurada e isenta de qualquer laivo de parcialidade, se, como seus Amparadores ou guias, intentamos auxiliá-los no encontro do caminho mais rápido rumo às luzes que dormitam em seus íntimos e às estâncias melhoradas do universo, porque, visto ser a Terra a arena onde repousa imensa fatia dos lances do nosso percurso espiritual desde os tempos mais remotos, há primeiro que se dar mostras de avanço efetivo no terreno da purificação espiritual, revelada nas ações e no amadurecimento, contribuidores do progresso planetário na própria face material terrena.

Assim, portanto, como é impossível julgar da totalidade de uma obra literária pela análise de um único capítulo, e da qualidade de um filme tomando-se como referência uma única cena que de si não oferece sentido nem entendimento quanto ao todo da história, se pretendemos auxiliar com êxito a estes que são alvos das nossas atenções em pleno embate da vida corpórea, torna-se imprescindível manter-se em vista a todo momento que a área circunscrita do histórico de convivência entre eles e nós mesmos, por mais enternecedor e gratificante se mostre, representa não mais que mera faceta de um panorama muito mais vasto e repleto de nuances por vezes sombrias — que envolvem no processo a muitos mais —, em relação às quais nos compete, aí sim, auxiliá-los, via inspiração e apoio, a resolver no interesse de que alcancem um estado de espírito e qualidade de vida mais feliz e mais pacificadas no futuro.

Nossos protegidos trazem toda uma imensa bagagem, um extenso trajeto. Nele, lágrimas, conquistas, fracassos, afetos e desafetos brotaram como consequências naturais dos episódios da jornada e do aprendizado permeado de enganos e de acertos. A prioridade que nos orienta em caráter permanente como Amparadores não é, em absoluto, tomar partidos, alimentar excessos de possessividade afetiva, nem a assimilação indevida dos seus ressentimentos ou opiniões eivadas de subjetivismos, mas sim, e sempre, induzi-los à conquista do equilíbrio íntimo na hora da resolução a contento de todos esses dilemas.

Ademais, é comum ao Amparador a consciência clara dessas coisas com base no próprio histórico pessoal. Com efeito, o Amparador não foi sempre Amparador, ou guia, ou mentor a partir das dimensões invisíveis; ora esteve reencarnado contando com o auxílio precioso desses mesmos amigos de outras dimensões, ora esteve desencarnado, todavia sempre aprendendo, sempre burilando incessantemente a si mesmo naqueles mesmos itens muitas vezes agora trabalhados no contexto de vida dos seus assistidos. O Amparador, ou instrutor, é, assim, antes de tudo, alma em jornada como qualquer outra, proveniente apenas de itinerários exclusivos e diferenciados — no entanto, já tendo sido, por sua vez, noutras ocasiões, auxiliado por outrem, e portador de aprendizado vasto e nem sempre bem-sucedido no pretérito.

Nivelado em irmandade espiritual, desse modo, com todos a quem ama devotadamente a ponto de desejar prestar-lhes ao percurso difícil auxílio reconfortador e eficiente, o Amparador é sustentado nessa iniciativa justamente pelo amor que dita a disposição inabalável e a boa vontade inextinguível, e por contar com a experiência sedimentada num amplo quadro de vivências anteriores que o abalizam a esse tipo específico de assistência ao alvo particular de seus zelos, por este ou aquele conjunto de circunstâncias.

É comum, assim, que Amparadores ou mentores espirituais e assistidos estejam, em sua maioria neste plano da vida, ligados por sólido histórico de afetividade, guardando entre si a relação típica existente entre os laços de afetividade e de familiaridade comuns aos da vida na materialidade terrena. Isso os situa de maneira propícia a orientar, reconfortar, inspirar ou resguardar com conhecimento, da dimensão mais vasta de onde, por conseguinte, tudo se vê e se abrange com maior clareza, aquelas afeições sagradas que se demoram em trabalho de aperfeiçoamento nas paragens físicas durante o estágio rápido das reencarnações sucessivas.

Perigosa e inaceitável, portanto, qualquer pretensão de superioridade que se verifique da parte do Amparador desencarnado para com o seu tutelado. Há de se adotar e expressar, acima de tudo, a exatidão de conceito do irmão de jornada situado momentaneamente em situação privilegiada de entendimento do todo do panorama da vida humana; alguém talvez mais vivido, quando muito, em alguns aspectos de percurso, em virtude do que mais bem preparado para orientar e inspirar com sensatez a direção correta em determinados lances mais ríspidos, mais difíceis da trajetória, mas não — e nunca! — detentor da última e definitiva verdade a respeito de tudo.

Que este seja o maior marco distintivo do Amparador sincero que se apresente a qualquer tempo provindo das paragens invisíveis do orbe.

## Capítulo III

# Caso pessoal e específico

Envidarei, a partir deste capítulo, exemplificar com a experiência pessoal, buscando daí transcender alguma fácies particular da minha médium, determinada, compreensivelmente, pelo fato de ser ela, ainda hoje, participante ativa e constante da trama evolutiva da minha alma, com quem mantenho estreito vínculo sedimentado no pretérito vasto de uma jornada em comum cujas origens se perdem nas brumas dos tempos.

Nossa convivência, nas extensões nebulosas do passado, adquiriu consistência pela via iniludível das afinidades naturais, das semelhanças vibratórias entre os espíritos afins, que se traduzem pela inclinação invencível às preferências recíprocas, em direções e interesses idênticos, como sói acontecer a todo enredo comum dos caminhos terrestres para a totalidade dos seres.

Nada obstante, nesses tempos recuados, não mais do que esse impulso inconsciente imprimia ao nosso percurso os rumos dos acontecimentos; de forma que a nossa reaproximação nas sucessivas reencarnações se verificava pelas vias automáticas, certas, inevitáveis, com as quais as leis evolutivas vigentes determinam os fatos cíclicos com os quais os seres são reagrupados em regime obrigatório e obediente às necessidades impostas pelos acontecimentos geradores das contingências das sintonias ou das aversões individuais. Nesse último caso, visando aparar as arestas das animosidades, originadas na ignorância do espírito ainda embrutecido nas suas luzes interiores, responsável por toda a desarmonia reinante na face planetária mesmo nos tempos que correm; e, em casos de empatia mútua, a reunião se dá também fortuita, espontânea, proporcionando a que os personagens assim atraídos trabalhem prazerosamente para o bem comum, e não apenas para o bem próprio, mas aprimorando a percepção gradual de que o amor exclusivista dos primórdios, nos quais os elos consanguíneos ou os afetos espontâneos eram os únicos merecedores de um zelo possessivo normalmente gerador de tantas outras dissensões, aos poucos deve abrir espaço à grandiosidade amorosa que estende seu acolhimento a muitos mais, e, em última instância, a Deus e a todas as coisas e seres da Criação, confirmando o que nos foi pontificado pelo inesquecível Mestre da Galileia há tantos séculos no seu *Amai ao próximo como a ti mesmo, e a Deus sobre todas as coisas.*

Naqueles evos passados, portanto, convivendo repetidas vezes nos repertórios dos povos da antiguidade terrena, mais notadamente da romana, nosso aprendizado repercutiu através dos tópicos de toda cartilha comum aos milhares de seres que, através dos séculos, mourejam na face do orbe planetário colhendo arduamente o fruto de suas semeaduras de progresso ou de dor. Repetimos incontáveis vezes a experiência conjugal em enredos turbulentos e repletos de lances traumáticos, em decorrência da agravante de ser a minha trajetória particular pontilhada de acontecimentos dramáticos vinculados à minha participação direta, em inumeráveis vidas físicas, na portentosa tanto quanto violenta história militar do Império Romano.

Com o avanço inexorável dos séculos, ampliávamos nossos elos cármicos e círculo de convivências, ora já inabrangíveis em sua totalidade pelo esforço momentâneo da memória. Consolidávamos vínculos de afeição inapreciáveis, outros tantos com os quais nos envolvíamos em dissabores e dramas quase inextricáveis de consciência. Depurávamos com vagar e dificuldade problemas graves gerados pelos repertórios esquecidos do passado; aprendíamos e reaprendíamos, pela mesma cartilha, as mesmas lições nas quais falhávamos, reincidentes.

Somente em dado momento recente da caminhada, nas paragens maravilhosas da espiritualidade, durante um dos intervalos entre as reencarnações ainda praticamente compulsórias, de vez que não poderia se dar de maneira diferente — em determinado momento de reunião marcante para o imo dos nossos espíritos, os nossos Amparadores de então, em notando o tanto de avanço operado de modo suficiente no íntimo de cada um dos envolvidos, sugeriu-nos a ambos, particularmente, esse atalho pelo qual seguimos hoje em dia e que nos serve de maneira maravilhosa, tanto de ferramenta poderosa de melhoria própria quanto de instrumento eficiente de auxílio e de esclarecimento ao próximo, passível de mitigar satisfatoriamente a grande dívida ainda devida ao meu espírito em razão do teor do passado longínquo tanto quanto escabroso.

— Caio Fábio, já te elucidaste o suficiente para compreender todo o alcance das responsabilidades relativas às duras vivências da materialidade. Já te reformulaste, sofreste, progrediste, e agora, embora de modo quase inconsciente, dói de forma quase intolerável ao teu íntimo a ânsia de auxiliar neste sentido também a esta de quem desde há tanto tempo te interessam os rumos, entrelaçando aí, no processo, outros muitos destinos envolvidos na mesma trama. Que achas de te dedicares a esta tarefa, porém realizando doravante de maneira oficiosa o que até então te impulsiona apenas por razões grandemente passionais? Que tal te colocares lucidamente não na posição de guarda-costas do além para com ela, cheio de reservas e ressentimentos, mas como Amparador amoroso, tanto quanto te seja possível também, no processo, aprender com outros mais experientes a respeito dessa atividade realizada das paragens invisíveis para com os amigos reencarnados que amamos e por quem nos interessamos de maneira mais especial? Pensa se te agrada te especializares gradativamente neste mister, beneficiando não apenas a tua tutelada mais direta, mas também a outros, coligados a ambos, imiscuídos nos desdobramentos das vossas vivências em comum, a fim de realizares significativo benefício no teu próprio currículo evolutivo, sanando espontaneamente a vasta dívida que te cabe para com tantos, em proporcionando-lhes de maneira indireta reconforto e esclarecimento.

Quem fazia a proposta inesquecível era Marcílio, um respeitável dirigente desse gênero de missão na cidade espiritual que nos acolhia regularmente a cada desfecho de muitas das vidas corpóreas. Alertado por um amigo pessoal de muitos séculos, tido mais como irmão — Marcus —, Marcílio se dera conta de que o tutelado daquela colônia benfeitora efetuara melhoria significativa em si mesmo, aparando arestas de ódio e de impulsividade, e pautando suas atitudes por diretrizes mais sábias e mais equilibradas. Apenas que se vinha conduzindo no território da afetividade de modo desorientado; relegando a negligência considerável soma de sua vida pessoal necessitada de revisão e de novas diretrizes, detinha-se obsessivamente em cuidados para com a alma que se lhe firmara em sua trajetória como cônjuge ideal e insubstituível. Assim, imerso de corpo e alma nesses zelos, todavia, não se conduzia quanto a eles da maneira mais sábia a um auxílio real e efetivo; antes, agravava dissensões, recrudescia angústias, e não necessariamente a auxiliava no aproveitamento do próprio aprendizado a contento.

Vacilante a princípio, sem atinar de pronto com todo o alcance da proposta inesperada, entretanto não me via compelido a aceitá-la. Não residia naquele convite amistoso nenhum tipo de coação ou ameaça de tolhimento no curso que até então imprimia às minhas atitudes. Percebia a sincera disposição em ajudar no tom bondoso que o experiente dirigente evidenciava no timbre com que pronunciava cada palavra. Foi-me oferecida a certeza de que não permeava a assertiva nenhum tipo de intimação peremptória ou tolhimento; ofereciam-me, generosamente, tempo para pensar, ponderar e analisar a aludida atuação em perspectiva, em conjunto com amigos e com orientadores solidários.

A partir disso, paulatinamente, me foi dado ver com progressiva clareza que não haveria outro caminho possível; se a intenção inegável, responsável pelas minhas atuais iniciativas, era o auxílio irresistível a alguém por quem nutria um zelo superlativo, em decorrência de tantos lances de passado divididos numa miríade infindável de cenários corpóreos onde figurei a seu lado desde o cônjuge terreno até o irmão zeloso ou o pai austero, de outro prisma vinha envidando esforços infrutíferos, era preciso reconhecer com maturidade e lucidez. Colocava-me a seu lado durante o estágio de suas vidas corpóreas posicionando-me de dentro de uma possessividade doentia. Nada obstante as observações gentis dos espíritos familiares em comum que dividiam os mesmos objetivos em relação àquele agrupamento familiar em questão, possuía a tendência renitente de agir refletindo e assumindo para mim, de dentro da fulminante sintonia de pensamentos que sempre nos caracterizou a convivência, as amarguras, as diferenças pessoais em relação a este ou àquele, a animosidade para com quem quer que fosse que de algum modo pusesse em risco o sossego íntimo e a integridade emocional do precioso cristal que protegia e que não admitia fosse de forma alguma trincado.

Esquecia que as próprias repercussões íntimas da estimada protegida, em última instância, eram o que favorecia justamente a fragilidade inevitável do cristal. Imperativo, portanto, que me reposicionasse no sentido de aprender a auxiliá-la sob uma perspectiva da situação mais impessoal e mais objetiva, alertando-a para o manancial insuspeitado de forças íntimas, qualidades adormecidas e potencialidades que, uma vez despertas, lhe confeririam habilidades suficientes para que, ela mesma, criasse asas; contornasse os obstáculos e os ataques premeditados dos seus eventuais opositores; cultivasse a capacidade de sutilizar o seu perfil espiritual para além das negatividades deprimentes do mundo, subindo, assim, aos céus, atingindo os cumes ensolarados de outras dimensões desconhecidas... em compasso com o que eu burilava em mim mesmo, visando objetivos semelhantes.

Capítulo IV

# De "muleta" a Amparador

A iminência dessas mudanças se deu ao final de um período reencarnatório de minha tutelada particular especialmente sofrido para ambos, em época em que vivenciou uma experiência conjugal e material difícil justo sob a minha assistência do invisível, ainda deficitária nos seus propósitos e resultados. Com uma visão sofrível do todo da situação, não eram de muita valia as advertências de Marcus, o mentor incansável que me tutorava de perto, sutil na sua interveniência, porém inconfundível na sensatez das ponderações com as quais buscava me despertar para as necessidades reais em favor daquela conjuntura delicada.

Somente o peso adverso da situação terminou por me dobrar inapelavelmente a têmpera empedernida, diante da constatação fática que me roubava as iniciativas: minhas intenções junto à assistida em estágio reencarnatório eram as melhores possíveis; os resultados desse posicionamento, contudo, confusos, estéreis, estagnavam num círculo vicioso de episódios em que não lograva atenuar os efeitos deprimentes das dificuldades pelas quais passava na materialidade, e menos ainda instilava-lhe no espírito inseguro e sofrido, fosse por ansiosa inspiração, fosse em ocasiões de encontros esporádicos durante o seu desligamento do corpo pelo sono, o fortalecimento necessário e o equilíbrio que a auxiliassem a enfrentar sem esmorecimentos a complicada conjuntura de ordem familiar[1].

Foi nesse ponto, por fim, que atentei, dolorosamente frustrado nos meus propósitos, às solicitações gentis de Marcus, permitindo-me seguir suas orientações no sentido de me instruir melhor, a fim de me situar de maneira mais adequada junto àquela alma tão querida da minha, não mais e apenas como um espírito familiar afeiçoado e zeloso dos rumos do seu destino, ou quando muito como uma muleta emocional de quem, altamente intuitiva, pressentia a minha presença em variados momentos experimentando certo reconforto e fortalecimento; mas, mais eficiente e efetivamente, como o Amparador desencarnado que assim e de modo voluntário já de há muito me situava, ainda que perdido nas diretrizes que a isso atendessem de maneira satisfatória e despido da consciência clara das implicações inerentes às minhas escolhas nesse sentido; necessitado, portanto, de orientação abalizada daqueles amigos da invisibilidade experimentados nesse gênero de labor que, quase sempre, eclode de maneira espontânea, justificando que, com base no universo das afetividades, para cada alma reencarnada exista um ou mais acompanhantes dedicados que lhe tutoram com enternecido interesse, das dimensões espirituais, os estágios transitórios nas vidas terrestres.

Passei, destarte, a frequentar com interesse obsessivo as palestras e reuniões com os mentores da cidade espiritual responsável pela minha acolhida após várias das minhas vidas físicas[2]. Lá, familiares em comum, amigos insuspeitados e muitos que já eram do meu conhecimento ofereceram-me acolhida entusiasta e orientações preciosas, necessárias ao desempenho acertado do que pretendia envidar. Tive

1 Estas circunstâncias são explicadas de maneira detalhada de entremeio ao conteúdo do romance *O Pretoriano*, publicado em 2004, da mesma autoria espiritual. (N. da M.)

2 Trata-se de Elysium. É uma cidade espiritual situada nas esferas invisíveis acima da Campânia italiana. (N. do A. E.)

a memória embotada redesperta para lances obscurecidos do passado distante, no interesse de melhor me orientar em relação às determinantes das situações da época corrente tanto para minha tutelada quanto para mim mesmo. Assisti, tomado de choque e perplexidade, a nuances desconhecidas dos lances dramáticos desaparecidos nas dobras longínquas dos tempos, deparando com todo um universo de causas e de justificativas para atitudes não apenas minhas, mas de todos os envolvidos naqueles enredos recuados que agora mais se assemelhavam a sonhos difíceis de visualizar e recordar, ora trágicos, ora comoventes — como se pertencessem à história de vida de outros personagens.

Acompanhava com dedicação casos paralelos junto a Marcus, Lúcius e outros que, sempre devotados, permitiam-me o ingresso à intimidade de tarefas múltiplas de orientação a outros irmãos imersos nos embates da vida física. Orientado no sentido imprescindível da visão totalitária de todas as situações, houve de me inteirar inclusive das particularidades mínimas do contexto de vida de todos os outros espíritos envolvidos no meu caso particular em curso, na tomada valiosa da lição da imparcialidade no julgamento de todos os episódios de aprendizado evolutivo. Lição penosa em sua assimilação, porque cobra do candidato a Amparador em situações no mais das vezes críticas a impessoalidade, que valoriza todos os pontos de vista envolvidos, todos os móbeis particulares, todos os episódios pretéritos, em detrimento daquele esmorecimento afetivo quase inevitável com o qual pendemos a considerar os dramas que se abatem no cotidiano sempre a favor daqueles a quem mais estimamos, e com quem mais nos identificamos.

Assim, na didática da preparação adequada administrada pelos mentores mais experientes, o trabalho regressivo é revelador castiço de todo um universo de minúcias antes desconsideradas de maneira consciente ou inconsciente. Nele, foi-me dado presenciar as nascentes já esquecidas e lastimáveis de incontáveis dissensões vigentes ainda nos tempos que correm, curvando-me a admitir a parcela inquestionável de participação, por puro estado de ignorância espiritual naqueles tempos pretéritos, na construção de ódios e de revanchismos que persistiam, renitentes, através dos séculos! Sem embargo, é-nos oferecida a oportunidade de conscientização humilde, tardia, de que, no capítulo dos reveses ocasionados por graves desavenças e originadores de outras tantas, nem sempre aqueles que apontamos como os falidos sem remissão detêm a total porcentagem de culpa — em incontáveis ocasiões, compartilhada em iguais, ou superiores proporções, devido à nossa desastrosa participação direta e visão involuída da vida —, e de que, também, nem todos que reputamos isentos e impolutos em verdade o foram no concernente às responsabilidades pelos acontecimentos deprimentes vividos em comum.

Por outro lado reavivam-se reminiscências preciosas sepultadas pelo curso implacável das épocas, dando-nos a reconhecer as situações que se constituíram nas nascentes das nossas afetividades mais valiosas. As origens de amores e de amizades em conjunturas de convivências pregressas das quais não mais nos recordávamos, desfilando ao nosso enternecimento íntimo os laços firmados nas ocasiões em que mães e filhos, ou cônjuges, parentes, parceiros afins num sem-número de atividades dividiram emoções, alegrias, dramas, aprendizado fecundo e lances surpreendentes.

Toda a imensa bagagem evolutiva reveladora do mosaico constitutivo de nossa família universal muito mais vasta se descortina, pois, grandiosa, sublime, como visão fantástica, devolvendo-nos a noção exata da riqueza incomensurável do panorama da vida humana — riqueza esta desdenhada e insuspeitada sob o confinamento rude, acanhado, a que é submetida a nossa consciência durante o largo trajeto das vidas sucessivas na materialidade terrena.

É isto, portanto, que nos clarifica definitivamente o entendimento; que nos situa com correção fática em que, nos assuntos de vida eterna, não nos bastam as razões mesquinhas alegadas com tanta frequência para se justificar este ou aquele descalabro praticado em algum dos inumeráveis episódios do nosso percurso. Entretanto, no quesito reencarnação, sob o efeito desse trabalho de despertamento consciencial definitivo, descobrimos, já tardiamente, que, perante as realidades incomensuráveis da vida mais vasta à nossa volta não nos serve a visão míope e mesquinha, e os nossos pareceres eivados de limitações e de particularidades questionáveis; não nos basta a alegação do se *ter razão.* Porque a nossa suposta razão torna-se forçosamente relativa; esfacela-se diante de todas as outras razões, considerações e universos individuais, para além do fugaz palco terreno que nos oferece no minuto transitório da reencarnação não mais que apenas algumas cenas do total de um drama muito mais vasto para o qual concorreram a multiplicidade infinda de indivíduos, cada um dos quais com a sua ótica, suas motivações, suas visões particularizadas da vida não necessariamente errôneas... em muitas das vezes, não mais que somente diferentes.

É essa compreensão descortinadora de um universo muito maior e equânime que transmuta a condição íntima do candidato a Amparador, predispondo-o com acerto à atuação correta no plano espiritual junto aos entes queridos em situação de reencarnados; não mais agindo à guisa de muleta emocional de que comodamente não se prescinde, de vez que tendíamos erroneamente a *protegê-los*, não apenas dos supostos riscos e desafios de suas trajetórias de vida, mas, principalmente, porém, das suas potencialidades adormecidas, para superá-los valorosamente, de mérito, e das vitórias naturais consequentes do sabor em muitos casos amargo das suas vivências.

Capítulo V

# Pesquisando em campo

Marcus convidou-me a acompanhar o caso de Alexandre, dadas as semelhanças com o meu próprio em suas particularidades.

Alexandre também se esmerava no estágio preparatório com os instrutores, visando melhorar seu desempenho no acompanhamento de um caso delicado: o de sua genitora, ainda reencarnada no plano físico sob o martirológico imposto em conjunto pelo estado da saúde fragilizada — agravada após o passamento de seu único filho homem — e a convivência difícil com os familiares.

Dona Estefânia residia com a filha mais moça, de vez que a mais velha, em decorrência das exigências do trabalho do marido, transferira-se para moradia distante de sua cidade natal, em outro estado do grandioso Brasil. Assim colocada em posição de dependência absoluta, de vez que isso se impunha em decorrência da extrema fragilidade de seu organismo depauperado pelo mal de Alzheimer, de resto também residia com a filha caçula o marido, aposentado precocemente por invalidez, e seus netos, um total de três, com idades que variavam entre a infância e a adolescência.

Alexandre se dispôs a expor sem reservas o teor do drama que o compelia à ansiedade por auxílio à mãe querida. Ademais, sentia-se reconfortado ao dividir comigo um pouco os seus dilemas, reconhecendo na minha pessoa alguém motivado por intenções semelhantes junto aos entes amados mergulhados na materialidade.

Apresentados por Marcus, em tarde radiosa na qual dávamos encerramento a mais uma reunião com os instrutores da colônia espiritual da nossa procedência, iniciou seu relato, enquanto nos acomodávamos nos bancos do parque sombreado pelas árvores floridas e perfumadas das cercanias.

— A doença devoradora colheu-me em momento da experiência corpórea no qual via-me completamente absorvido pelos meus projetos de vida. Muito moço, ainda não contraíra matrimônio, e residia então na moradia de meus pais, vivendo com eles num bairro modesto do Rio de Janeiro.

Sorri, oferecendo-lhe com prazer toda a atenção ao que relatava; junto a nós, Marcus limitava-se a ouvir, sereno, deixando que o entrosamento se consolidasse pelas afinidades naturais que decerto iriam surgindo.

— Então tua última reencarnação também se deu no Brasil, e na mesma cidade onde vive a minha tutelada?

Alexandre concordou.

— A vida nunca correu fácil para nós, apesar de não enfrentarmos dificuldades rudes de ordem material. A dificuldade maior, Caio, contudo, reside toda no capítulo familiar. Porque, com o meu passamento — daquele de quem meus pais dependiam à guisa de arrimo de família e a quem eram excessivamente apegados —, transferiu-se para esta irmã a grave responsabilidade da qual, com a vida preenchida por um contexto estafante, não se achava pronta nem emocional nem materialmente para desincumbir a contento... — Neste ponto, durante breve pausa, era visível o desalento quase dolorido com que o amigo mais moço desdobrava aquelas reminiscências. — De maneira que, embora cônscia do papel que lhe cabe na conjuntura difícil, não conta de acréscimo, para agravamento do caso, com o menor apoio do cônjuge, que a atormenta com reclamações duras acerca da modificação drástica imposta repentinamente ao cenário da vida familiar. E minha irmã, devo confessar, não sei se devido à inexperiência da idade, quase endossa, silenciosa, esses rompantes. E se sente ela mesma, bem o sei daqui, deste nosso plano de vida em que nada nos é velado das intenções alheias, incomodada com a complicada conjuntura. Impacienta-se com facilidade com a mãe penalizada pelo estado precário de saúde e com os rasgos de impertinência de um pai idoso que, de resto, sente-se humilhado pela situação de dependência absoluta do genro que não o acolhe de boa vontade.

E como o escutasse compreensivamente, exprimindo evidente solidariedade na fisionomia, encorajou-se para arrematar aquele quase desabafo, meneando em desconsolo.

— É por essa razão que mal consigo conter minha ansiedade para de alguma forma interceder de modo efetivo no problema de difícil solução. Caberia à irmã mais velha a resolução a contento de tal impasse... mas qual? A distância justifica que também ela relegue à sorte o andamento da melindrosa questão em curso.

— Por certo a responsabilidade que envolve as diretrizes da casa tanto quanto dos filhos, sem a anuência favorável do marido, pesa de maneira desfavorável no estado de ânimo de tua irmã — permiti-me comentar na oportunidade de mais aquele intervalo no qual Alexandre imergiu de modo irresistível em conjecturas obviamente aflitivas.

Ele despertou com as minhas palavras.

— Sim; mas, tal como tu me relatas em relação à tua assistida particular, vinha tentando atenuar a situação considerando minhas possibilidades na invisibilidade, já que, desde o momento em que me inteirei com lucidez suficiente da minha atual posição, praticamente resido, ainda, no ambiente familiar da materialidade, acompanhando com grande ansiedade o sofrimento da mãe querida que, de sua parte, não esgota as lágrimas pelo meu passamento inusitado, mesmo contados já três anos do ocorrido; e tentando também inspirar conformação ao pai quedado em amargor e rancores a cada dia mais prejudiciais ao seu estado íntimo.

Só nesse ponto Marcus apôs oportuna menção, com segura tranquilidade.

— Assim como tu, Caio, que és movido pelos mesmos sentimentos, necessitando somente de um preciso reajuste nas iniciativas a fim de que de fato prestes o auxílio pretendido aos afeiçoados que ficaram para trás, Alexandre precisou compreender efetivamente que as aludidas "lágrimas inesgotáveis" da mãe saudosa se dão exatamente pelo peso da forte influência exercida pela sua presença no ambiente da casa da irmã, ainda que na invisibilidade. As energias individuais, neste contexto, agem pronta e instantaneamente, tanto maior seja a afinidade natural existente entre os personagens envolvidos. — Marcus arrematava suas elucidações durante o agradável passeio que promovíamos às margens do regato emoldurado pelas campinas floridas daquele vasto parque da cidade invisível. — Com base nisso é que se faz imprescindível um intervalo, para a devida ação do tempo no estado de ânimo dos que ficaram, bem como para o preparo indispensável e o reajuste de conceitos nos recém-egressos da matéria, e até mesmo para que, sob a égide do afeto indissolúvel, nos vejamos em condições de acompanhar-lhes com proveito o prosseguimento do aprendizado na vida física, ajudando-os nos impasses no que nos for possível, mas lançando mão, acima de qualquer outro requisito, do bom senso e da largueza de vistas que nos isentem de julgamentos errôneos, passionais ou tendenciosos.

— E em qual sentido foram orientadas as providências no caso em questão, se não te importas em colocar-me a par? — interessei-me, intentando colher também em meu proveito a lição preciosa proporcionada pelos desafios do amigo recém-apresentado.

Foi o próprio Alexandre quem respondeu, ao que Marcus, bem o notei, abriu espaço a fim de que o próprio aprendiz desse mostras da extensão de sua compreensão da lição que ele mesmo desdobrava com o passar do tempo e da revisão das suas iniciativas.

— Houve de me afastar um tanto, Caio — aludiu, em sincera modéstia e consciência do tanto que o problema lhe cobrava em termos de refazimento íntimo. — Não completamente. A par das reuniões e palestras valiosíssimas com os Amparadores mais experientes, prossigo no acompanhamento da situação; todavia, sob a tutela do meu mentor direto no caso. — E a isso sorria, indicando Marcus. — É ele o amortecedor oportuno para qualquer iniciativa indevida, o conselheiro e amigo incansável, a quem ouvir e de quem acatar os pareceres só reverte em benefícios, em quaisquer que sejam os casos... E a situação em si é o campo de aprendizado mais indicado, porque o ambiente em que aprenderemos melhor as lições será sempre aquele onde se vejam presentes os nossos maiores afetos, tanto quanto as pessoas tidas como difíceis ao nosso julgamento, a fim de que a nossa visão se expanda o bastante para que possamos enxergar com justeza as boas razões de todos numa conjuntura que envolva conflitos.

E Alexandre ainda sorria, agora sob a complacência bondosa de Marcus, como sempre bem-disposto, como sempre amigo e bem-humorado. E ao observá-los agora, durante aquela pausa em silêncio meditativo na qual nos demoramos na contemplação reconfortante do regato murmurante, compreendia que não nos reuníamos naquele instante por acaso; que, ainda uma vez, as leis das sintonias individuais prevaleciam, espontâneas, naquele encontro afortunado que certamente seria um nascedouro fértil de trocas significativas entre fortes elos de amizade que se estabeleciam, fecundos de perspectivas alvissareiras e de uma infinidade insuspeitada de benefícios mútuos.

Capítulo VI

# *Visita invisível*

Acabava de deixar o ambiente doméstico do meu caso pessoal em curso. Em companhia de Marcus, saía da residência onde, na esfera material, minha tutelada entregava-se ao sono noturno após o decurso de um dia especialmente desgastante e sofrido.

Em vendo-me um tanto melancólico, como se desmotivado, o amigo de tantos séculos fez nota, ainda e sempre tranquilo e confiante:

— Adivinho os teus pensamentos. Estás pensando que nada do que vem envidando surte o menor resultado, não é?

— De ti não consigo esconder nada... — devolvi, buscando aparentar ao menos cordialidade que disfarçasse um tanto o mal-estar evidente na expressão fisionômica.

— Todavia, faz pouquíssimo tempo que te decidiste a mudar de fato os rumos estratégicos na questão. O que observas é apenas o inalterado de uma situação à qual somente conseguirás influenciar beneficamente se fizeres uso da paciência, Caio, e da revisão drástica de muitos de teus conceitos. Vens conseguindo isso a contento na sucessão de sessões regressivas a que vens te submetendo.

— No entanto, a revisão de conceitos a que te referes não é tão fácil quanto supunha. Chega a ser doloroso reformular ressentimentos graves do passado, quando da constatação de que ainda agora eles se conduzem com desarrazoamento, e ainda em prejuízo daqueles a quem tu mais amas.

— Em nenhum momento eu disse que seria fácil. Tudo vai, porém, da boa vontade, do empenho, da sinceridade de intenções. E tu és ótimo nesses atributos, meu velho amigo — notou com humor aquele antigo companheiro de armas dos exércitos da antiguidade romana, que em muitas ocasiões demonstrou me conhecer mais, até mesmo, do que eu próprio.

E, mudando rapidamente o curso do assunto, já que outros pediam nossa atenção e que seria salutar ocupar-nos logo deles para desviar-me a tempo a direção indevida que os pensamentos já tomavam, comentou:

— Temos compromisso marcado com Alexandre. Hoje, como combinado, tu presenciarás um pouco do desdobramento dos desafios que ele enfrenta.

Assenti. E, dentro em pouco, reencontrávamos o novo amigo nos aguardando próximo a outra moradia da cidade. Era visível que, reconfortado com a nossa companhia a lhe emprestar ânimo renovado no desdobramento do seu caso pessoal, ainda assim entregava-se ao mesmo gênero de preocupações que o consumiam habitualmente desde o seu despertamento na espiritualidade, para com os membros que lhe eram mais próximos naquele agrupamento familiar que estávamos em vias de visitar em tarefa de aprendizado recíproco e de auxílio.

A despeito do avançado da hora, nem bem findávamos os cumprimentos amáveis e Alexandre já tecia seu comentário aflito, olhando Marcus em busca de amparo e de orientação:

— Observei que meus pais já repousam e, desligados pelo sono noturno, acham-se ambos sob a tutela dos nossos amigos responsáveis pela assistência médica, Marcus. Todavia, ouve daqui os rumores de discussão — convidou, induzindo-nos a uma pausa durante a qual aguçamos a atenção para os interiores da casa que adentrávamos respeitosamente. E, ao assentimento sereno do mentor, completou, num meneio permeado de um desassossego que dificilmente conseguia disfarçar: — São minha irmã e o marido...

ainda mais uma vez arrastados pela intemperança verbal devido à tensão da situação cotidiana.

— As crianças estão entregues ao repouso? — Marcus quis saber de antemão, zeloso.

Alexandre assentiu.

— Há pouco foram desligados pelo sono e encaminhados à colônia por amigos e parentes nossos. Estão bem e por certo não serão incomodados pela desavença.

— Todavia resta a tentativa de intercedermos com acerto ao menos para que a situação não saia dos limites desejáveis à tranquilidade do ambiente noturno da casa. — E Marcus convidou-nos com o olhar lúcido e amigável: — Vejamos o que podemos envidar em auxílio dos nossos irmãos em dificuldades.

— ... e em que Flávia já contribuiu para dirimir essa situação? O pretexto da moradia distante pouco convence, de vez que, em se tratando de dois idosos, poderiam perfeitamente morar com a sua irmã! — Àquela altura entregava-se o consorte da irmã mais jovem de Alexandre a duro destempero verbal, diante das lágrimas quase transtornadas da esposa. E, arrematando num gesto rude o teor da discussão já tantas vezes travada no recinto doméstico, a cada vez mais acre e mais deprimente: — Desculpas! Tu mesma o sabes, Viviane! Temos três filhos para criar, manter e orientar devidamente, mas a nossa casa converteu-se num permanente tumulto, mais parecido a pesadelo insistente, desde que tivemos que nos ver às voltas com as divagações da tua mãe e com os acessos de impertinência senil do teu pai!

Mas Viviane também já perdera de vista, naquele ponto crítico do embate, todo o equilíbrio, sentindo-se terrivelmente flagelada na sua sensibilidade.

— Tu detestas os meus parentes! — esbravejou a seu turno, de modo horrível, o rumor dos gritos angustiados ecoando indesejavelmente nas cercanias silenciosas da moradia, naquela rua residencial de um bairro acanhado do Rio de Janeiro. — Sempre tiveste com eles a pior má vontade. Queres cobrar da minha mãe doente lucidez? E alguém, acaso, possui culpa pelas moléstias desoladoras da velhice? E nesta conjuntura difícil ainda acusas meu pai de senilidade, esquecendo-te agora, por conveniência, que há muitos anos, nos nossos apuros financeiros, foi ele, e ninguém mais, quem te socorreu, principalmente no concernente aos estudos das crianças. Oh, Rangel, és duro e impiedoso no teu modo de ver as coisas! Não estou suportando mais...

E largou-se numa das cadeiras em torno da mesa da cozinha, escondendo o rosto alvo e delicado entre os braços, queda em prantos, derrotada pelo peso da adversidade que castigava, implacável, aquele pequeno agrupamento familiar há prolongados e difíceis meses.

O marido, de seu lado, surpreso da explosão violenta da esposa habitualmente subserviente, ainda que nas situações mais difíceis, silenciou momentaneamente; justo no instante em que, presenciando entre eles aquela última troca dura de acusações mútuas, adentrávamos o recinto doméstico no intuito de algum possível auxílio.

Observamos que, profundamente agastado, Rangel deixara o ambiente da cozinha num ímpeto, talvez evitando, de forma inconsciente, o prosseguimento de uma desavença que adivinhava próxima do seu ponto limítrofe.

Notamos, eu e Marcus, que Alexandre, a isso, de imediato acercou-se da irmã chorosa e entregue a lastimável desalento íntimo; inclinou-se, dolorosamente penalizado, afagando-lhe os longos cabelos castanhos. Seguimo-lo, e não nos foi difícil atestar, junto com ele, o profundo estado de desamparo e impotência no qual a moça se via mergulhada e, a partir disso, praticamente impermeável a qualquer emissão positiva que pretendêssemos incutir-lhe, naquele momento, no sentido de um renovado alento otimista e confiante no dia de amanhã.

Naturalmente aflito, também Alexandre se via de momento desprovido de iniciativas seguras na complicada conjuntura. Lançou-nos o olhar quase súplice por sugestões e ideias eficientes.

— Que fazer numa situação dessas, Marcus? Todos os nossos esforços apaziguadores se revertem nulos ultimamente, por causa do endurecimento espiritual com o qual Rangel enfrenta esses episódios diários. Como inspirar equilíbrio e serenidade a Viviane se ele se posiciona de maneira irredutível neste estado de espírito tétrico?

Lia-se uma quase revolta no estado de ânimo do amigo recentemente conhecido; e, destarte, naquela conjuntura me identificava positivamente com seus sentimentos, visto não há muito tempo tê-los experimentado no meu caso pessoal em relação a determinados personagens que desempenhavam papel bastante semelhante no desenrolar do drama particular da minha protegida.

Todavia, antes que externasse levianamente qualquer opinião, Marcus, talvez em adivinhando minhas impressões mais íntimas, e sobretudo em momento impróprio, antecipou-se nas iniciativas, sempre seguro e sereno.

— Busquemos o cônjuge da sua jovem irmã — sugeriu, convidando-nos a acompanhá-lo até os interiores da moradia. — As lágrimas nem sempre são mal vindas, e funcionam como necessária válvula de escape às emoções negativas. Passada a crise, e de índole naturalmente terna e sensata, Viviane por certo se recolherá ao sono e poderemos abordá-la de maneira mais apropriada.

## Capítulo VII

# *Um caso difícil*

Toda a problemática que envolvia Rangel naquele caso específico — mais tarde me foi dado conhecer — originava-se, como é comum, num perfil adverso de endurecimento espiritual do personagem em questão para com as almas envolvidas naquele drama familiar, em decorrência das sérias diferenças enraizadas nas convivências difíceis compartilhadas em vidas anteriores, principalmente no que dizia respeito ao pai da moça.

Em vão Marcus envidou, da dimensão invisível onde nos achávamos, incutir-lhe no espírito irascível e dominado pelas influências nefastas da emotividade exaltada noções de dignidade familiar, de tolerância e de compreensão, bem como de lealdade para com aquela esposa que, no final das contas, estimava com sinceridade, e a quem até certo ponto lhe custava molestar.

Observamos que era claro à percepção interna de Rangel o quanto aquela ordem ingrata de circunstâncias flagelava a esposa intimamente debilitada. Todavia, também restava notório à nossa visão privilegiada acerca de todas as determinantes concorrentes do passado que o peso existencial do pretérito, gravado, indelével, nas reentrâncias ocultas da memória espiritual, vencia-lhe toda possível resistência que a voz da consciência lhe opusesse contra os rompantes ininterruptos que, incessantemente nos últimos tempos, vinham agravando uma conjuntura doméstica já de si complicada.

— A Alexandre foi dado conhecer, há pouco, no trabalho regressivo a que se submete, como te acontece, Fábio, que no enredo de uma vida anterior bem recente era Rangel quem necessitava dramaticamente da generosidade amparadora do senhor Laurêncio sem obtê-la; ambos passam no momento por prova rude, porque o último veio a este mundo, desta feita e dentre outras finalidades particulares, com o compromisso de vencer em si mesmo o orgulho despótico do passado, responsável pelo endurecimento do seu coração, no momento-chave em que lhe caberia auxiliar alguém a quem já devia favores de consciência, qual Rangel; e Rangel, de seu lado, espírito eminentemente vitimado pelas emoções destrutivas do ressentimento e do revanchismo, vê-se em dificuldades para realizar o compromisso de perdão e de boa vontade para com esta alma algemada à sua por liames graves de dissensão, compromisso este firmado consigo mesmo enquanto ainda estava conosco no Mundo Maior, em benefício da harmonização e do avanço mútuo. — E, como lhe escutasse os esclarecimentos tomado de profunda admiração pelas lições insuspeitadas existentes em cada recinto familiar estabelecido na vastidão do mundo, Marcus arrematou, sob a atenção contrita e algo melancólica de Alexandre: — Como podem deduzir, trata-se de um caso de entrelace cármico, que não logrará solução satisfatória enquanto um dos dois personagens envolvidos não der o primeiro passo no sentido do embrandecimento dos seus indesejáveis enganos de conduta.

Como eu e Alexandre o ouvíssemos ainda sem ousar apartes à lição proveitosa que nos expunha, concluiu, com simplicidade, antes de passar às providências seguintes:

— Ninguém nunca obterá paz de espírito sob o domínio funesto das emoções escuras do ódio, do revanchismo e do ressentimento, meus amigos. Agora, e em constatando a inutilidade momentânea dos nossos tentames junto ao nosso irmão preso de amarguras, aguardemos o repouso de Viviane para ver o que podemos providenciar junto a ela.

Assim planejado, recolhemo-nos ao ambiente fresco e agradável da varanda dianteira da moradia, entregando-nos durante algum tempo a reservada troca de impressões sobre as generalidades do caso em curso, bem como à contemplação prazerosa da noite cheia de aromas perfumados e diluídos no refrigério de agradável sereno.

Não havia decorrido ainda uma hora, e a aproximação hesitante de alguém captou-nos a atenção de improviso, interrompendo o que dizíamos.

Voltamo-nos. E Alexandre, profundamente comovido, avançou de pronto na direção da recém-vinda mergulhada em estranho alheamento, que parecia roubar-lhe um tanto da inteireza da lucidez e da sua consciência, naquele estado de desprendimento recente do corpo físico que, àquela altura, repousava no leito de um dos quartos, imerso em sono agitado tanto quanto febril.

— Viviane! Reconheces-me? — Ele se lhe acercava amorosamente, extravasando uma mistura nítida de saudades com acentuada preocupação.

A moça o via. No entanto, encarava-o como se presa da certeza de um delírio inusitado, recusando-se a crer no que o sentido obnubilado da visão identificava a seu lado.

— Alexandre? — balbuciou, enfim, claramente perturbada.

O irmão, emocionado, apenas confirmou com um meneio de cabeça. Envolveu-a num abraço terno, e a moça enfim rendeu-se ao que ainda considerava, confusamente, um bem-vindo sonho bom em meio às árduas agruras experimentadas no seu estado de vigília.

— Minha irmã querida! Venho conversar contigo na conjuntura delicada deste momento! Tenho ouvido todas as tuas preces em busca de auxílio e de inspiração. Acredite, irmã, não me desapartei de ti nem de nenhum dos nossos, e aqui estou, com alguns amigos, para oferecer-te alento e reconforto.

A moça apenas escutava, entre assombrada e tímida, achegada naquele abraço que, nada obstante, de si só tanto bem-estar lhe proporcionava. E olhou quando, num gesto cordial, indicou a mim e a Marcus.

Só então, largando-se com mais desenvoltura às peculiares circunstâncias que a cercavam, Viviane encorajou-se a dizer alguma coisa:

— Alexandre, dize-me que estou mesmo contigo. Sinto-me terrivelmente sozinha e impotente em meio a uma situação que não consigo resolver a contento, e que já se tornou em luta extensa e desigual para a minha capacidade e iniciativa.

Era nítida a angústia no tom do que pronunciava. Mas Marcus, naquele ponto, entre afável e compadecido, aproximou-se mais dos dois irmãos, pronunciando, enquanto os envolvia naquela sua aura particular de que já testemunhara produzir em muitos os efeitos sedativos de fundo lenitivo espiritual, num sem-número de outras crises — inclusive minhas, particulares.

— A irmãzinha do nosso amigo haverá de entender, tão logo se tranquilize o suficiente, que *resolver a contento* por certo não é o que lhe cabe especificamente; antes, fazer o que pode na delicada situação, sabendo que a solução final cabe à passagem do tempo, aos que também concorrem para o todo da crise, e aos recursos bem-vindos e inesperados com que Jesus nos abençoa os melhores propósitos. — E, com um sorriso amigável e solícito, olhando-a diretamente, como se observasse uma irmã particular e querida: — Não tomes sobre os teus ombros as cruzes de todos, Viviane. Permita à vida mostrar-se generosa para contigo! Abre o teu coração à esperança e à confiança nos dias que se sucederão com as soluções acertadas para todos os teus problemas.

— Este é Marcus, Viviane. É um bom amigo, que tem me acompanhado sempre desde que para aqui me transportei, para este outro lado da vida cheio de tantas e belas surpresas.

Oportunamente, Marcus apresentou-me com simpatia:

— E este é Caio Fábio... outro velho amigo.

Sorri-lhes, permitindo-me um ditame bem-humorado no intuito de desanuviar a tensão evidente no estado de espírito da moça:

— Não tão velho... — E sorria também para o agora mais calmo Alexandre, ao que Marcus, notando-me a intenção, acrescentou uma nota pitoresca:

— É este teu eterno traço jovial uma das tantas coisas que te identifica, por tua vez, com a tua protegida...

Rimo-nos todos, envolvendo a moça na atmosfera reconfortante das nossas melhores intenções e energias, notando que, agora, ela mostrava-se entre curiosa e mais desperta, dominada visivelmente pela sensação confiante de achar-se entre amigos, ainda abraçada ao zeloso irmão que a acolhia, afetuoso, e que, a um assentimento mudo do seu paciente mentor, quis aproveitar ao máximo o encontro transitório para aconselhar a moça de maneira proveitosa.

— Viviane, ouve, a fim de que talvez te recordes da nossa sugestão e apoio no teu próximo período desperto: por que, a despeito da distância, não apelas efetivamente para o conselho e a intervenção de Flávia, nossa irmã mais ausente do calor da situação? Que ela não te possa ser de proveito efetivo, ao menos talvez que contribuísse com alguma ideia bem-vinda, já que quem se acha mais distanciado dos problemas muitas vezes se vê em condições melhores de auxiliar, com maior clareza de ideias.

Mas também Viviane, para pesar de Alexandre, dava mostras de se achar deveras magoada para com a irmã mais velha, abanando a cabeça em desaprovação.

— Flávia se acha a par de todo o drama, todavia se mantém omissa na questão, o que motiva a revolta de Rangel no tocante a isso, com uma certa razão — replicou com desamparo.

— Flávia decerto se preocupa, Vivi; mas sua última desavença com Rangel foi muito séria, e não duvido de que seja esse o móbil maior do seu tolhimento, que a ti soa momentaneamente como inoportuna falta de iniciativas — expressou Alexandre.

— A providência parece de bom alvitre, filha — prosseguiu Marcus. — Porque no reduto familiar onde eclode uma crise séria a todos compete a colaboração no sentido de uma decisão justa e eficaz.

É a partir disso que se estreitam e se solidificam laços, e que se cresce intimamente a partir da superação desses desafios cotidianos que, aparentemente despojados de valia, nos desenvolvem e sedimentam as forças interiores, confirmando-nos valores e qualidades.

— Tu e Flávia sempre vos entendestes bem, minha querida. Abra chance a novas possibilidades e alternativas, porque o que vem agravando essa situação é um quadro estagnado, onde todos se demoram em rancor, negatividade e pessimismo, o que nunca auxiliará em nada para a solução satisfatória que atenda a todas as necessidades. — Alexandre reforçou o argumento oportuno de Marcus com extremoso carinho na entonação, sob a minha assistência, agora apenas entre curiosa e interessada.

Emocionada, tanto quanto exaurida espiritualmente, a jovem limitou-se a calar-se, demorando-se assim durante vários e importantes segundos em que o aconselhamento oportuno daquele irmão, que sempre a estimara com excessos de zelos e de ternura, parecia produzir em seu íntimo um efeito benéfico, como inusitada chuva fecunda em terra anteriormente árida e estéril.

Ele, a seu turno, novamente a estreitou a si, buscando transmitir-lhe por arremate, naquele abraço carinhoso, o necessário acréscimo de forças, de alento e de ânimo para que ela se decidisse de maneira acertada sobre o que providenciar no difícil dilema familiar em curso.

***

Viviane já nos havia deixado após a tocante despedida do irmão recém-egresso das paragens materiais. E, de nosso lado, também nos afastamos daquele recinto doméstico, deixando-o entregue ao menos durante algumas horas ao silêncio profundo para o repouso que se requisitava aos componentes daquele reduzido agrupamento familiar.

Havia a necessidade de alguns comentários a mais, tanto para instrução do agora um tanto melancólico Alexandre, quanto também visando a minha compreensão mais acertada de outras tantas implicações ainda de mim ignoradas no caso e que guardavam correlação com meu próprio histórico recente.

— Sabe o que complica, ao mesmo tempo que também contribui eventualmente de forma benéfica para a situação que temos sob a nossa análise e cuidados, no que diz respeito a este teu novo amigo, Caio Fábio? — Marcus de repente indagou, de maneira reflexiva. Notei que exibia um sorriso amigável, e adivinhei que a declaração em seguida me reservaria dados surpreendentes.

Reduzi um pouco o passo com que os acompanhava lado a lado na calçada arborizada e silenciosa daquela extensa via pública, mergulhada na claridade amena da noite, banhada pelas sombras compactas projetadas por casas, postes e prédios baixos.

— O quê, Marcus? — indaguei, por minha vez novamente entre interessado e curioso.

— Como já teve oportunidade de conhecer pelo trabalho regressivo, a teu exemplo, e nada obstante estando ao lado de Viviane na última trajetória física figurando como irmão consanguíneo, em verdade Alexandre tem participado em mais de uma oportunidade do contexto de vida dessa irmã, no percurso evolutivo, e em número de vezes avantajado como cônjuge, assim como acontece contigo em relação à tua Lucilla. E é assim, de resto, que ele a estima, sem que possa evitar... e é precisamente esta particularidade que torna para o nosso amigo — e segurava-o pelo ombro compreensivamente, enquanto Alexandre agora apenas o escutava um tanto cabisbaixo e pensativo, exibindo um sorriso diluído nos pensamentos intensos que lhe povoavam o mundo interior — a tarefa na qual se empenha tão mais melindrosa, tão mais especial.

Cheguei a interromper, desta feita, o passo, olhando admirado de um para o outro.

— Tu, Alexandre? És para Viviane, aqui, neste plano da vida, cônjuge espiritual, assim como acontece entre mim e Lucilla? — E de pronto eletrizado quanto às perspectivas de aprendizado que se descortinavam naquela conjuntura, logo sobreveio a pergunta, incontida: — E como te resolves no capítulo da afetividade, já que também reténs o conhecimento claro e as lembranças do teu repertório anterior neste sentido? Afinal — acresci oportunamente —, é visível que, ao menos durante o seu desligamento do corpo, ela de nada se recorda ou desconfia quanto a isso.

Ambos os amigos me acompanharam naturalmente na estacada. Ainda reflexivo, Alexandre suspirou, cruzando os braços e respondendo de boa vontade:

— Sabe, Caio Fábio, a afetividade feminina em muitas ocasiões é mais burilada do que a nossa. Viviane me acolhe com um sentimento tocante, refinado e sempre tão absolutamente intenso que suplanta, nas suas implicações, estas conotações atreladas aos rótulos de parentesco físico. Pode parecer estranho o que te afirmo. Mas venho percebendo, quando nos achamos todos reunidos aqui, no lado mais autêntico da vida, que para mim isto vem se resolvendo de maneira mais complexa do que para ela.

Anuí; mas de pronto não pude alcançar de todo as implicações e o significado do que afirmava, inteiramente comprometido como me encontrava, e, como não podia deixar de ser, com os desdobramentos do meu próprio caso.

— Mais complexo por quê? — quis saber dele, respeitoso e também grato por estar consentindo tão desprendidamente em compartilhar comigo suas impressões mais íntimas de um problema que eu mesmo reconhecia estritamente pessoal.

— Trago para com ela uma correspondência de sentimentos indefectível neste sentido... mas me vejo confuso a cada vez que nos reencontramos em ocasiões posteriores a experiências físicas como esta que acabo de findar, na qual desempenho junto a ela outros papéis, que ensejam outras modalidades de vínculo afetivo que não o marital. Porque sempre, e invariavelmente, me questiono e me angustio sobre o mesmo pormenor: como retornará Viviane para o meu convívio após a sua transição corpórea?! Que tipo de afetividade me ofertará? Muito naturalmente, o que estará latente de maneira mais intensa na camada consciente das suas reminiscências, num primeiro momento, será o Alexandre, seu irmão. Mas e depois? E, todavia, não posso esconder que, uma vez de posse das minhas recordações integrais do passado, o que ainda pesa na afetividade que lhe dedico até agora é o amor conjugal e venturoso do pretérito, que sempre me foi grato, e que, ainda e sempre, não nego, almejo de algum modo resgatar.

Neste ponto em que se fez uma pausa natural no discurso sincero de Alexandre, e diante da minha indisfarçável admiração ante o que ouvia, Marcus voltou-se, dirigindo-me um comentário alusivo e jovial:

— Isto não te recorda nada, ou alguém, meu caro amigo? — E, como a isso eu lhe devolvesse apenas um sorriso leve, um tanto confuso e mal achado, esclareceu ao então curioso tutelado: — Ainda terás a oportunidade de conhecer pessoalmente Lucilla. É a assistida de Caio, em relação a qual meu amigo vivencia dilemas praticamente idênticos aos teus, se bem haja no seu caso específico o fator diferenciador de peso de se tratar esta personagem de uma sua alma gêmea, desde tempos muito anteriores ao da antiguidade romana, época em que sedimentamos nossa amizade e compartilhamos muitas e valiosas vivências em comum.

Alexandre traduziu para Marcus, por mim, minhas próprias conclusões a respeito do interessante diálogo mantido.

— Bem, Marcus, ainda desta feita tenho a prova cabal de que nada nesta vida se dá por acaso. É evidente que a minha aproximação deste novo amigo não acontece de maneira fortuita, e se reveste de significação clara de aprendizado útil para nós dois. Não é o que também te parece, Fábio? — Ele voltou para mim diretamente o seu comentário, amistosamente, em notando com acerto, pelos meus modos e expressão, que também eu experimentava aquelas mesmas impressões a respeito do episódio.

— Como não? — sorri-lhe, por minha vez. — É indiscutível!

— A troca de vivências e de impressões entre vós será de fato rica e mais do que oportuna a ambos, meus amigos; portanto, por ora tratemos de usufruir prazerosamente de mais esta demonstração prática de que a Providência sempre nos presenteia com os melhores recursos de melhoria íntima e de aprendizado, para maior celeridade na construção da nossa felicidade. Aguardemos, então, os próximos acontecimentos, buscando também de nossa parte um pouco de repouso durante este período em que os nossos afetos em trânsito pela matéria renovam as suas forças com a bênção do sono noturno.

Atendemos de boa mente à sugestão cordial, acompanhando Marcus rumo à bucólica estância espiritual de nosso pouso na vastidão das esferas de vida situadas na invisibilidade.

## Capítulo VIII

# Reunião com Amparadores

Já havia algum tempo as reuniões com Amparadores e instrutores em Elysium não me constituíam mais novidade e a elas já era adaptado, bem como entrosado com os seus procedimentos.

Assim que há as de cunho individual, visando em primeiro lugar aplainar o terreno de nossos propósitos e disposições mais íntimas, quando nossos amigos mais experientes nos conduzem com gentileza e inquestionável eficiência à necessária renovação, de molde a nos colocarmos sob os resultados de uma percepção correta de nossa própria situação. É quando, pois, submetendo-nos a palestras cuja tônica é essencialmente amigável tanto quanto lúcida, bem como às sessões de regressão ao nosso histórico evolutivo pregresso, adquirimos valioso patrimônio interior no conhecimento mais amplo das nuances desconhecidas e importantes desse passado, principalmente as que envolvem a participação dos indivíduos-chave no contexto dos episódios que dividimos em comum.

Mas as reuniões coletivas, a que comparecem Amparadores prontos com maior ou menor tempo de lide no auxílio aos reencarnados, bem como os nossos instrutores maiores e dirigentes, visam ambientar também os candidatos iniciantes num gênero de missão com a qual se afinizam e que em muitos casos já realizam voluntariamente, embora sem as noções precisas de como fazê-lo da maneira mais acertada para o êxito dos seus objetivos, que era precisamente o que o concurso dos participantes daquela casa nos proporcionava.

Assim, ali, havia já algum tempo, encontrara, entre outros amigos e colaboradores inestimáveis, Marcílio e Lúcio. Este último, como Marcus, conhecido meu de séculos. Encontrá-lo na posição em que se achava, portanto, fora surpresa inexcedível, de vez que se tratava de antigo colega de armas da antiguidade romana, que até mesmo servira sob as minhas ordens, perecendo valorosamente num dos inúmeros combates daqueles tempos afastados e de quem não lograra mais notícias até revê-lo, naquelas circunstâncias; não mais o mesmo indivíduo, soldado cheio de verve dos exércitos do passado; atualmente, porém, um dos instrutores das esferas invisíveis da vida que, sem que o suspeitasse, dali me auxiliava nos enredos do caso pessoal há longo tempo, em parceria prévia com Marcus, com a abrangência de visão das suas diretrizes sempre lúcidas.

Durante a duração do encontro, portanto, mais uma vez haveríamos de trocar experiências e impressões, oportunidade sempre da mais elevada utilidade para que prosseguíssemos nas respectivas missões imbuídos de novas ideias e atitudes que mais nos valessem, em concordância com as mudanças naturais que iam se verificando de um dia para o outro nos panoramas da vida diária daqueles nossos afeiçoados mergulhados nos embates da materialidade.

— Alexandre e Caio Fábio vivem situações surpreendentemente semelhantes no seu contexto, embora, de modo compreensível, disparatadas quanto aos personagens e situações — comentava, bem-humorado, Marcus para Lúcio e Marcílio que, circulando por entre os pequenos grupos espalhados pela agradável e confortável sala decorada com arranjos de flores, detinha-se agora no nosso pequeno círculo amigável, composto por mim mesmo, Marcus, Alexandre e Gláucia, que lhe figurara no passado como mãe dedicada em mais de uma experiência corpórea; e Lúcio, Joyce e Tarsila, estas últimas, duas das irmãs da cidade espiritual onde estagiávamos unidas a Lucilla, minha tutelada particular por seculares laços de afeto. —

Suas protegidas vivem experiências familiares difíceis na crosta, em decorrência dos elos de passado vivenciados de maneira equivocada pelos personagens em questão. O ponto em comum é que ambas representam para os nossos amigos Amparadores, recém-egressos nas tarefas da nossa comunidade missionária junto aos reencarnados, valiosas afeiçoadas dos idos findos, à conta da convivência conjugal repetitiva, da qual principalmente o meu amigo Fábio não prescinde de boa vontade, obediente aos naturais pendores ditados pelo seu coração.

Os amigos em torno escutavam-lhe a palavra serena e lúcida silenciosos e atentos, dirigindo-nos, a mim e a Alexandre, olhares amistosos de tempos em tempos.

— Não nos achamos aqui para julgar e impor diretrizes arbitrárias nos rumos escolhidos pelos nossos dois amigos conduzidos, muito justamente, pelos ditames sagrados da afetividade que lhes povoam o universo íntimo. Urge, todavia, que os auxiliemos a bem agir junto às irmãs que tanto lhes dizem à alma, neste período em que o capítulo difícil das provas a serem vencidas na materialidade lhes cobra tanto do amor autêntico que lhes votam, daqui, do Mundo Maior, quanto também do amadurecimento nas atitudes, para que, efetivamente, as auxiliem com proveito, sem eventuais laivos de passionalidade que possam vir a prejudicá-las, por invigilância nas suas iniciativas, no contexto atual de suas experiências.

— E quais foram as últimas providências junto a Viviane? — Gláucia se interessou, denotando a sinceridade transparente que lhe era peculiar nos mínimos gestos e palavras, enquanto inclinava-se, atenta, no assento confortável que ocupava no pequeno agrupamento reunido no recinto, em disposição circular, entre os muitos outros espalhados pela vasta sala entretidos em palestra discreta e construtiva.

Foi o próprio Alexandre quem respondeu:

— Vimos buscando eximir Viviane dos excessos com que chama a si toda a responsabilidade da situação. Em decorrência da intransigência inflexível de Rangel, aparentemente ela assume, de maneira equivocada, insuperável sensação de culpa, visto todo o mal-estar do marido derivar da presença dos nossos pais em sua casa. Sugerimos que se fizesse auxiliar por Flávia; ultimamente estivemos em presença desta nossa irmã, distanciada do núcleo dos problemas involuntariamente, por causa das exigências profissionais de seu marido. Mas por certo ela haveria de acorrer com algum alvitre feliz; sempre foi sinceramente apegada aos familiares.

Um sorriso franco e compreensivo aflorou aos lábios da simpática Gláucia.

— E como vens tu, de teu lado, se posicionando junto àquela que te foi irmã extremada na finda jornada corpórea? Ainda com dificuldades para conciliar no teu íntimo a contento o embate da afetividade pregressa com as urgências da hora que passa?

A isso, Alexandre corou um pouco, sorrindo em desconcerto. Todavia, entre amigos inestimáveis, e diante daquela personagem amorosa que lhe fora mãe repetidas vezes nos cenários materiais, conhecendo-lhe a fundo os meandros da alma, sentia-se à vontade e liberto para abrir seu coração, certo de que colheria, de retorno, reconforto e orientação segura para os seus dilemas.

— Venho observando que as urgências atuais roubam um tanto, naturalmente, das minhas predisposições, qualquer enfraquecimento emotivo originado naqueles enredos de passado. O mais difícil é presenciar o sofrimento e a amargura de Viviane, mas, de outro lado, em se considerando com clareza as recordações pregressas que já domino, é facilitada a capacidade de entender o que é prioritário de se envidar no auxílio que buscamos prestar, deste domínio da vida, não apenas a ela, mas aos outros envolvidos — considerou, sob um amadurecimento inédito que pareceu agradar aos ouvintes ali reunidos.

Em particular, identificava-me plenamente com aquelas alusões.

— É exatamente o que também vivencio na situação que me diz respeito. Torna-se mais fácil atribuir prioridade às exigências dos acontecimentos do presente, conservando intocável em nosso íntimo, todavia, a grande e genuína afetividade que nos dita a tônica das iniciativas que providenciamos em favor destes que se encontram temporariamente alheios às nossas presenças e influências.

— Também providencialmente, há de se reforçar sempre este entendimento — atalhou oportunamente Lúcio. — Creio que, para ambos, já se evidencia por si que a Providência em nada erra nas deliberações que regem a vida em orbes como o terreno, onde as necessidades de esquecimento transitório do passado favorecem a que solucionemos com maior liberdade de ação as pendências contraídas na convivência do passado milenar com numerosos irmãos de caminhada. — E, não por acaso, demorando o olhar amigo na minha pessoa, já que conhecia os pormenores do meu caso, completou: — É por essa exata razão que também nós, zelando pelos seus passos movidos por amor, mas de dentro do quase completo anonimato em muitos dos casos, também haveremos de acudi-los com maior eficiência assim: na ignorância dos objetos do nosso auxílio da presença daqueles que, no passado, eventualmente influíram decisivamente nos rumos de suas jornadas em função da forte empatia afetiva que a todos nos vincula.

— E aí os exemplos simples, mas valiosos, aos quais sempre recorremos nas nossas palestras ainda uma vez ilustram com oportunidade as alusões de Lúcio — lembrou a amável Tarsila, percorrendo em torno o olhar dócil e belo. — Por mais que pais amorosos amparem seus filhos, há de chegar o momento em que eles haverão de solucionar os seus desafios com a bagagem das próprias iniciativas, coisa a que responderão por si, também quanto às consequências, colhendo os méritos e deméritos de suas decisões como fruto bem-vindo do aprendizado proporcionado diariamente nos embates comuns da vida.

Marcílio, a seu turno, enquanto ocupava momentaneamente um dos assentos vazios a meu lado, tocou, inspirado, no pormenor que sempre o preocupava em particular nas missões daquele jaez:

— E que tal estão os pequenos envolvidos em ambas estas conjunturas familiares na matéria?

## Capítulo IX

# Amparadores de crianças

Há grupos especializados na lide com os pequenos em situação de reencarne. E as suas atribuições formam em si um gênero diferenciado de tarefas dentro das atividades generalizadas dos Amparadores do Mundo Maior, pois se dedicam com exclusividade ao que lhes requer preparo extra para as diversificadas ocasiões em que, de entremeio aos dramas e desafios comuns ao desenrolar da vida corpórea, exige tato, amor e sensibilidade para com almas que ainda estagiam nas primeiras fases incipientes do período reencarnatório.

Assim que estes irmãos de labor se subdividem em grupos responsáveis pelos pequenos que desencarnam em época precoce, em função de determinantes várias oriundas do seu histórico evolutivo em comum com outros elos de afetividade; por aqueles outros que, como no caso pessoal de Alexandre, necessitam de tutorial específico que os ampare nos períodos de desligamento do corpo físico, enquanto pais e participantes outros do enredo familiar difícil são chamados, quando possível, a aconselhamento e imprescindível apoio de seus próprios Amparadores e espíritos familiares; por muitos outros vitimados por episódios difíceis de doença física e de acidente extemporâneo, quando têm reforçado o trabalho de seus guias e Amparadores particulares por estas equipes que somam esforços em muitas dessas várias e inusitadas situações de emergência.

Trata-se, assim, de todo um capítulo à parte neste ramo de atividades das esferas invisíveis, com vistas ao amparo dos infantes que, justo por sua situação peculiar de fragilidade sob laços materiais, exigem apoio extra da espiritualidade assistente, que nunca regateia projetos e esforços específicos em prol da boa continuidade do trajeto deste imenso grupo de almas reencarnadas, em acordo com cada episódio particular e obediente aos respectivos históricos pregressos das suas romagens materiais.

A lembrança bem-vinda de Marcílio a respeito desse mister, portanto, era oportuna. Porque, com Viviane sob o nosso aconselhamento e necessitada de repouso psíquico tanto quanto de orientação, e Rangel tendo o espírito imerso em amargo e aguçado estado de conflito íntimo, forçoso que as crianças se vissem reconfortadas no período do repouso noturno e, em sendo distanciadas do ambiente baqueado em condições vibratórias doentias, fossem resguardadas dos efeitos inconvenientes da conjuntura que já se estendia por largo intervalo sem ainda uma previsão de solução a contento dos conflitos, apesar de todos os nossos esforços no sentido de se orientar os participantes do drama no rumo de uma resolução salutar.

Era cenário semelhante ao que acontecia no meu caso particular, quando em mais de uma vez, sob as diretrizes sempre sábias de Marcus e de outros espíritos vinculados por amor àquele agrupamento familiar que me dizia respeito, via-me compelido a providências extemporâneas em momentos críticos nos quais se viam os então filhos consanguíneos da minha assistida envolvidos em lances do cotidiano que, fugindo ao nosso controle, colhiam a todos de improviso em amargosos episódios decorrentes do padrão lamentável de vibrações espirituais do qual os participantes em questão não conseguiam se dissociar.

A humanidade reencarnada não pode ainda supor na sua real extensão os danos involuntariamente atraídos à rotina de seus dias por conta dos descuidos lastimáveis das condições domésticas que a qualquer tempo deveriam funcionar à conta de reduto sagrado, na sua melhor forma, dos agrupamentos familiares formados na crosta. O ser humano despreparado, e ainda profundamente ignorante das extensões e consequências infinitas de seus pensamentos, iniciativas e atitudes a cada minuto de seus dias terrenos, não guarda a menor noção do funcionamento exato e inapelável das leis de sintonia energética, de modo a se dar conta convenientemente do tanto que palavras, atos e pensamentos influenciam de maneira quase imediata os episódios que se seguem a cada instante do dia a dia.

É comum o comentário de que se levantou com o pé esquerdo em determinados dias, ou que em algum outro específico não se deveria ter saído da cama. O indivíduo se repete há tempos incontáveis nesses ditames, sem se preocupar em investigar as causas dessas circunstâncias que, de tão comuns, tornam-se corriqueiras, nada embora incômodas.

É que não se apercebem de que a origem de cada dia aziago indubitavelmente se esconde sob um estado de espírito funesto, muitas vezes alimentado com as emoções negativas e doentias dos ódios, dos ressentimentos e da irascibilidade, ainda que momentâneos.

Não se conscientizam de que se permanentemente são nutridas as condições espirituais negativas e hostis, na emissão lastimável de energias nefastas originadas primeiro no íntimo de cada indivíduo, o que se compatibilizará, vindo do lado de fora, jamais será o oposto dessas disposições mórbidas. De sorte que, se durante a semana nos permitimos imergir em dissensões e em hostilidades para com o próximo, ainda que apenas em intenções e pensamentos, é mais do que provável — é *matemático* — que todo o resto do repertório de acontecimentos e de pensamentos recorrentes nos dias vindouros seja preenchido com os ecos, as repercussões inevitáveis deste padrão indesejável, sem que nos inteiremos de que a nascente, o gerador das vivências e dos sentimentos lamentáveis, *reside em nós mesmos*!

Desta forma, em todo reduto familiar onde, mais ainda, são recebidos pequenos como cota de responsabilidade extra de amor com que a Providência presenteia cada lar, imperdoável que os extremos de invigilância espiritual dos adultos que chefiam esses ambientes lance-os num estado de perturbação que inevitavelmente interferirá em todo o restante do percurso das suas trajetórias corpóreas, sempre carentes de que os esforços dos envolvidos na base da formação familiar, nos planos pré-reencarnatórios de cada pequena história nos cenários físicos, sejam no sentido do máximo de zelo em prol do bem-estar comum, da resolução harmoniosa de possíveis diferenças e desafios, e em favor da contribuição particular para a formação de um mundo igualmente mais equilibrado. Aliás, conforme o que fora previamente acertado em cada caso de reencarnação no seio desta ou daquela família, em compromisso sério estabelecido na presença de Amparadores, familiares e espíritos amigos numerosos, bem como em acordo com aqueles que nos comparecem ao ninho doméstico visando a tarefa preciosa de reconciliação e de restabelecimento de laços fraternais entre personagens em situação de desafeto desde os idos dos tempos seculares.

Para exemplo, assim que existem na cidade espiritual de nossa estadia, Elysium, casas e instituições especiais para a visita e recepção de crianças em situações as mais diversificadas oriundas da vida material terrestre, onde, em ambiente agradável e acolhedor, encontram o carinho e recursos indispensáveis desde entretenimento durante visitas eventuais, e de maior ou menor duração, ao primeiro estágio de estadia em situações de retorno recente da vida física — isso quando, neste último caso, a situação do pequeno desencarnado não cobra maiores cuidados de ordem médica, reingressando na invisibilidade em decorrência de moléstias melindrosas, ocasiões em que são assim encaminhados a instituições onde as indispensáveis providências se fazem com relevância no aspecto da saúde por irmãos eficientes e devidamente preparados para esse labor.

Como já foi descrito em obras nossas anteriores[1], são pavilhões belíssimos em alguns casos em que, funcionando ao modo de parques

1 *Elysium, uma História de Amor entre Almas Gêmeas*, de mesma autoria espiritual, da Lúmen Editorial. (N. da M.)

imensos de ambientes vários, os pequenos contam com entretenimento, prazer lúdico, com a beleza de panoramas naturais sem paralelos nos cenários materiais terrestres que, dos mais belos, tornam-se pálidas amostras fugidias da magnificência com que a Criação se nos apresenta aos olhares deslumbrados nestas paragens mais acima da crosta em termos de padrão vibratório. Lá, trabalhadores de boa vontade e de preparo irrepreensível os acolhem amorosamente, atuando, incansáveis, como recreadores e educadores eficientes no capítulo da transmissão aos graciosos pequeninos das melhores noções de vida segundo os parâmetros éticos universais. Assim, pois, que vemos crianças em euforia brincando com animais, deslumbradas com jogos saudáveis em parques floridos margeados por regatos límpidos à luz cristalina dos raios sedativos do sol; outras conversam entre si e visitam amigos e familiares de outros tempos, enquanto muitas se encantam com a exibição de histórias veiculadas por intermédio de recursos energéticos de entretenimento ainda distantes das realidades materiais terrenas.

Eram conduzidos para lugares das estâncias invisíveis com condições semelhantes, portanto, os três pequenos filhos da irmã de Alexandre, sempre que se fazia imprescindível, durante o período noturno de seus desligamentos dos corpos físicos, a fim de que se conservasse sua integridade emocional intacta, permitindo-lhes um retorno tranquilo à convivência familiar corpórea na sucessão ininterrupta dos dias posteriores.

## Capítulo X

# Visão de cima

Passados os dias, nos quais alternamos nossas iniciativas entre o caso relacionado à situação familiar de Alexandre, a minha própria história e as atividades recorrentes em Elysium, foi-nos proporcionado o aprendizado prazeroso e fértil ao presenciarmos no âmbito familiar do casal em conflito um fruto bem-vindo da nossa intercessão das paragens mais vastas da vida.

Dias antes, conduzidos por Marcus à moradia da filha mais velha de dona Estefânia, Flávia, testemunhamos-lhe as reações autênticas de sinceridade ao receber, cheia de apreensões aflitas, a correspondência remetida por Viviane, uma carta extensa, antes autêntico desabafo, onde expunha sem restrições suas apreensões pelo estado de saúde da mãe fragilizada bem como o difícil impasse envolvendo a relação tumultuada entre seu esposo e o pai, vitimado por lastimável estado d'alma.

Logo de começo pudemos atestar o indiscutível valor intrínseco ao amadurecimento das ideias que afloraram, espontâneas, fluentes, no seu foro íntimo à medida que lia, em princípio sem compartilhá-las com ninguém, nada obstante seu marido àquelas horas se achasse em casa instruindo um dos filhos no teor dos seus estudos.

Retirando-se discretamente a um cômodo mais a salvo de interferências, concluiu a leitura da missiva, meditativa, e assim se manteve por largos instantes, até afinal se decidir a comparecer à sala em busca de uma troca de impressões que lhe confirmassem a atitude que de pronto compreendeu como sendo a mais correta.

Em notando que agora o pequeno se entretinha sozinho na resolução dos problemas escolares, fez a Almir ligeiro gesto convidando-o à palestra, a que de pronto ele atendeu, dirigindo-se ambos à saleta contígua às dependências dos quartos.

— Lê isto, e diga o que pensa a respeito.

Percebemos uma ruga leve desenhando-se na fronte do marido que, intuitivo, anteviu de pronto que a esposa se via presa de um dilema cujas origens pensava adivinhar antes mesmo de se inteirar do conteúdo daquela carta, por isto arriscou:

— Notícias da parte de Viviane, não é isto?

— Sim — a esposa confirmou, sempre direta e transparente, todavia concitando de saída: — Contudo, peço que leia com isenção, de vez que já tenho a minha decisão inicial tomada, querendo apenas contar com o teu entendimento para o caso, a fim de que logo amanhã cedo me dedique às iniciativas.

Do lado invisível da vida, presenciávamos o entendimento entre o casal, imersos em certa dose de expectativa.

— Viviane é perceptiva, Marcus. —Alexandre não podia esconder a satisfação com o novo desdobramento que se delineava. — E foi suscetível à nossa intercessão naquela noite.

— Sim, agora cabe-nos esperar pelos resultados — Marcus, também denotando otimismo, respondeu-lhe com a simplicidade usual, deitando-lhe ânimo no brilho profundo do olhar sempre amigável que a todos dirigia.

De fato, o comentário de Almir, após percorrer a vista pelo conteúdo da missiva, novamente atraiu-nos a atenção para o prosseguimento do diálogo.

— Flávia — começou, entre sério e cauteloso, denotando cansaço com o teor de uma situação renitente que em mais de uma ocasião já lhes tomara tempo com polêmicas e embates entre opiniões —, tua última intervenção neste caso em nada auxiliou e praticamente rompeste relações com Rangel. Não considero de bom alvitre que te vás imiscuir nisso de novo.

— Todavia trata-se do bem-estar de minha irmã e de minha mãe, para não falar dos meus três sobrinhos, que ameaça periclitar, Almir, talvez justamente por ingerência nossa! Não há mais como não me imiscuir nisso, ou doravante não fugirei a sério drama de consciência para com o que também se me constitui em dever familiar... Só que apreciaria contar também contigo nesta empresa; minha irmã, mais nova e mesmo por isso mais inexperiente e despreparada, não logra aguentar por mais tempo o peso da situação de impasse, indefinido já por período demasiado. Principio a temer também por seu estado de saúde, assim como pela estabilidade do seu relacionamento conjugal.

— Mas Rangel é simplesmente intratável, Flávia — devolveu o marido, sem disfarçar a contrariedade inevitável que o assunto lhe provocava.

— Reconheço, mas também sei dos componentes difíceis presentes na personalidade do nosso pai. Devemos compreender que há todo um comprometimento da estabilidade de uma situação familiar que envolve crianças, Almir, e, em sendo agora eu a irmã mais velha após o passamento de Alexandre, não se constitui favor de minha parte o auxílio à Viviane numa hora dessas, ademais em momento no qual ostensivamente recorre ao meu concurso. Antes dever, sejam quais forem as consequências da minha intervenção no caso, de vez que entendo a minha omissão como provocadora de qualquer agravante que se verifique no desenrolar desta história de agora para diante. — E, como agora Almir a encarasse inquieto, embora momentaneamente silencioso e imerso em cismas, a valorosa moça arrematou, segura, após um suspiro que até certo ponto denotava alívio por decidir acerca de coisas que há tempos lhe consumiam o íntimo com preocupações: — Gostaria de poder contar contigo na iniciativa de comparecer à casa de Viviane e Rangel o mais rápido que nos seja possível; mas, como também conheço as exigências por vezes intempestivas da tua vida de militar, não ouso fazer caso disso com intransigência, comunicando-te, todavia, e previamente às tuas deliberações neste sentido, que irei... tão logo as obrigações domésticas me permitam.

— As crianças perderão aulas com isso — ele ainda tentou ponderar, resistente.

— Trata-se de uma emergência. Se não puder contar com a acolhida de meu cunhado neste sentido por uns poucos dias, de vez que Célia sempre foi amorosa com as crianças, inevitável que me acompanhem e que sanemos certamente o prejuízo escolar depois.

Levantou-se, pegando das mãos de Almir a missiva e, com um gesto amável, deixou-o na sala, dirigindo-se a outro cômodo onde a filha mais velha solicitava-lhe com insistência a presença.

Foi após esse episódio presenciado sob os véus da invisibilidade das esferas espirituais do orbe que, portanto, e decorrida quase uma semana, fomos colhidos pela surpresa agradável, em momento em que estagiávamos na residência alvo de nossos cuidados, justo quando Viviane, no período diuturno, achava-se afobada nos cuidados com a mãe que, tomada de inusitado surto, a esquadrinhava insistindo, assustada, em desconhecer-lhe não apenas a fisionomia como também todo o ambiente da casa.

— Mamãe, por Deus, sou eu, tua filha mais nova! — E, ajoelhada diante da mãe assustadiça, não lograva conter as lágrimas de quase desespero que lhe afloravam ao olhar angustiado, enquanto de nossa parte auxiliávamos Marcus no trabalho conjunto com um companheiro da estância versado em cuidados médicos para aquele tipo de emergência, quando um toque na campainha da residência veio colhê-la com certa irritação pela interrupção inusitada.

— Quem poderia ser a estas horas do dia? — reclamava para si, enxugando às pressas as lágrimas com as costas das mãos e adiantando-se apressada até a porta com o despercebido Alexandre em seu encalço.

Como nós, ele já sabia da surpresa bem-vinda tanto quanto agradável que tomaria de surpresa a jovem.

— Flávia!

O grito incontido atraiu logo a atenção de um dos filhos, o único que estudava pela manhã e se achava com Viviane em casa no período da tarde, que veio correndo de um dos quartos também eletrizado de alegria, principalmente em dando com toda a família da tia ali reunida de inopino, em visita inesperada cuja motivação a criança desconhecia em profundidade.

De fato, a sorridente Flávia fazia-se acompanhar não apenas das crianças, mas também do marido que, apesar de tudo cordato, cumprimentou a cunhada com simpatia e estima, quando enfim ela pôde desapartar-se um pouco do abraço intenso e prolongado daquela irmã mais velha que em mais de uma vez no decurso de sua vida lhe valera como segunda mãe.

Viviane chorava — agora de alegria. Um desafogo enorme se lhe assenhoreou de rompante da alma opressa com aquela surpresa que se lhe afigurava como autêntico presente dos céus.

E ria e chorava ao mesmo tempo, dominada por incontido desabafo que o casal respeitou e não procurou sustar.

— Sabia! Por Deus, tenho orado tanto! Sabia que poderia contar com vocês, que não me iriam desamparar num momento destes!

Comovida, Flávia de início lançou um olhar significativo ao marido, novamente estreitando a irmã mais nova e cobrando ânimo para, como era notório, tomar a frente da situação como se fazia necessário.

Em olhando os meninos em alvoroço com o primo ali por perto, começou por incitá-los a extravasar à vontade sua alegria e brincadeiras nos terraços floridos da casa, àquela hora agradáveis e banhados pelo saudável sol da tarde. E, em vendo-os distanciarem-se às pressas, entretidos com seus assuntos, serenizou-se, enquanto adentrava a casa ainda abraçada à irmã, e secundada por Almir.

— Vejamos... esqueça agora todos esses sustos porque aqui estamos, e alguma solução satisfatória há de se apresentar para o caso. Quero que te acalmes, para início, e que nos leve até mamãe e papai

— pediu-lhe, carinhosa, enxugando-lhe as lágrimas com um lenço alvo retirado de sua bolsa.

Viviane meneou em desamparo. Era visível ao olhar experiente de Flávia o tanto que se achava combalida interiormente, fragilizada, exteriorizando tanto interna quanto externamente um esgotamento que a envelhecia de modo melancólico, roubando-lhe o viço que lhe seria natural à aparência na faixa etária à qual pertencia.

— Oh, Flávia! Agora pela manhã aconteceu de novo o que torna tudo mais difícil. Mamãe está presa de crise, insistindo em não me reconhecer a fisionomia, nem mesmo o ambiente da casa. Papai, enervado e desgostoso, ganhou um dos quartos dos fundos, e eu me via aqui na companhia apenas das minhas lágrimas e de Deus.

E voltava a soluçar, quedo o rosto lavado de lágrimas nas mãos, sob a observação sinceramente penalizada de Almir, que suspirou.

Flávia ainda desta vez a deixou desafogar-se um pouco mais, reconhecendo nisso extravasamento natural e salutar, atraindo-a para si. Sentiu que a providência mais acertada para o momento era proporcionar-lhe reconforto e segurança, para depois passar às providências seguintes. Assim, dirigiu-se ao ambiente da sala onde a mãe agora repousava com fisionomia ausente, e, acercando-se da senhora que nem ao menos se deu conta, inicialmente, de sua presença, beijou-lhe a fronte, amorosa e emocionada.

— Oh, mamãe... Como queria que melhorasse deste mal que tanto a castiga —murmurou inaudivelmente.

O agrupamento familiar ali reunido não suporia jamais da nossa presença, empenhada em esforços conjuntos com Viviane no sentido de acalmar aquele capítulo difícil da história particular de um ente querido comum, como era Alexandre para todos os participantes do episódio, em ambos os lados da vida.

Aliás, era ele quem, entre agradecido e preso de invencível emotividade, agora abraçava também as irmãs unidas estreitamente, murmurando-lhes palavras que buscavam de algum modo incutir-lhes a noção de que também ele se achava presente e atuando, como sempre o fizera quando ainda na vida corpórea, na solução do grave problema que a todos ali presentes penalizava.

Inesperadamente, a seu turno, Marcus voltou-se para mim, quando de minha parte me perguntava que providências se fariam mais acertadas para os momentos seguintes, de vez que antecipava os lances vindouros quando do encontro entre Almir e seu sogro, bem como com o marido da jovem dona da casa.

— Caio, vou em busca do senhor Laurêncio, para umas tantas providências. Deixo-te na companhia de Alexandre e de Vinícius, mas veja no que podes auxiliar ao nosso amigo e a seus amáveis familiares — solicitou, com irresistível entonação, ao que anuí, embora sem atinar de pronto com que exatamente envidaria a fim de atender com eficiência às urgências do delicado impasse.

## Capítulo XI

# Diálogo espiritual

Contritamente, Marcus adentrou o ambiente fresco de um terraço nos fundos da casa, agradavelmente ensombrado por caramanchões cheios de pés de alamanda, perfumados e floridos.

Seu Laurêncio, casmurro, achava-se todo mergulhado em seu mundo íntimo. Havia muito se desencorajara de tentar esforços contra a moléstia da esposa, somando seus cuidados aos da filha, dando-se por vencido para com um contratempo contra o qual desconhecia métodos eficientes de cura. Afinal, justificava-se, não era médico.

Ora, em sendo idoso e, ao menos segundo o modo lúgubre como se posicionava, derrotado pelos vendavais ríspidos e impiedosos enfrentados ao longo do percurso de sua existência, julgava que cabia agora aos filhos todas as providências no sentido de se minimizar a situação. A situação financeira de aposentado não os favorecia, e enxergava a vida sob uma ótica segundo a qual, na sua faixa etária, tudo a se fazer era colher dos filhos a devida demonstração de gratidão por tudo o que envidaram desde o instante em que os trouxeram à existência.

Chegara o tempo de descanso, de usufruto. No entanto, vinha Rangel cobrar-lhe mais ainda e reclamar das necessidades da sua fase de velhice?

Veriam! Muito se ressentiria das filhas se assim também se posicionassem, endossando a postura despótica daquele genro. Estava velho e cansado; contava com a boa vontade deles, e Viviane nada fazia para conter os impulsos irascíveis do marido intratável.

— Talvez que tua filha venha fazendo o que pode, dentro das suas limitações. Não te esqueças dos teus numerosos netos, senhor Laurêncio, numa idade que requer todo um universo de cuidados desgastantes por parte dos pais.

Laurêncio, ainda ignorante da presença da filha mais velha na casa, e mais ainda daquela insuspeitada companhia amiga que, afável qual filho extremoso, lhe dirigia aquelas palavras tomado de franca ternura, afagando-lhe a fronte encanecida pelos duros desafios das décadas, franziu de leve o sobrolho ao ouvir aquela voz silenciosa, que antes aparentava originar-se em seu próprio mundo mental.

E, como se discutisse consigo mesmo naquele inusitado diálogo, após a pausa em que se remexeu um pouco na cadeira de vime, inquieto, atalhou:

— Meus netos... Ora... Mas nós requisitamos mais cuidados do que crianças cheias de saúde e a quem, de resto, nada falta.

— Sim; mas tua filha mais nova, a quem cabem todos esses cuidados, é ainda muito inexperiente; zelosa, todavia. Vem fazendo o melhor que pode, e também sofre, senhor Laurêncio, porque vos ama com sinceridade e se sente impotente sob o peso das circunstâncias adversas. Tu bem sabes; também fizeste nota nos últimos tempos do volume de desgaste visível em todo o aspecto e estado de espírito de Viviane; ainda na semana passada te preocupavas com a sua saúde, em reparando nas enxaquecas repetitivas às quais vem sucumbindo com preocupante frequência.

Nova pausa, durante a qual, apreciando por breve instante as flores em profusão no dossel acima de si, às quais não prestara a mínima atenção antes, viu-se o pai da jovem com o curso de pensamentos estranhamente desviado.

— Pobre filha... — considerou, de improviso, com um suspiro, como se alguma nova luz lhe ocorresse ao íntimo, vendo momentaneamente a situação toda de outros ângulos mais lúcidos, sob a inspiração incógnita e impressiva do amigo presente nas dimensões invisíveis ao seu redor. — E por qual acaso haveria ela de ser culpada dos destemperos do intratável marido? Tem chorado e sofrido tanto, afinal...

Despercebido, Marcus esboçou um sorriso entre confiante e satisfeito, acomodando-se no assento ao lado do senhor mergulhado nos pensamentos desencontrados.

Deteve-se analisando a aura algo rubra e sombria que se desprendia daquele estado mental insalubre, para depois prosseguir no proveitoso diálogo espiritual, com serenidade e segurança:

— Senhor Laurêncio, consideres que já teve a idade de Rangel. Recorda-te de que seu gênio também era difícil, e que não foram poucos os momentos de desavenças familiares por conta disso. Além do mais, teu genro se ressente, antes, da sobrecarga de responsabilidades que entende dever cumprir com denodo, mais do que da sua presença na casa. É o excesso de zelos com as múltiplas obrigações e encargos de ordem familiar que o desgoverna, e faz transparecer ao senhor, antes, hostilidade no nível pessoal.

Marcus inclinou-se, amistoso, aproximando-se do semblante reflexivo do genitor idoso de Alexandre e continuando:

— Lembra que o senhor também tudo envidou, dentro do possível, para o conforto dos teus e bom desempenho das obrigações familiares, de modo a assegurar-lhes bem-estar, estabilidade e segurança, e que outrora também te afligiste com imprevistos que te colheram de improviso, somados aos encargos costumeiros, que o dever de consciência para com amigos e consanguíneos não te permitiu refugar? Todavia, recorda que o bem-estar da acolhida fraternal ao círculo de teus afetos foi o saldo positivo; o que de fato valeu a pena, nada obstante todas as aflições vividas, senhor Laurêncio. Porque é da lei da vida: ninguém se basta por si, e no decurso da nossa trajetória neste mundo somos todos uns alicerces dos outros, dos quais não podemos nem devemos prescindir, com respeito e gratidão. Busquemos entendimento e tolerância, meu amigo. É isso que consolida os laços preciosos do afeto, apara as diferenças, e sedimenta o amor e a tolerância para com as limitações alheias, levando-se em conta as nossas próprias e fazendo-nos ver a necessidade de realçarmos as virtudes de todos.

O senhor Laurêncio de alguma forma ouvia; Marcus detinha a tranquila convicção, em lhe notando a inequívoca quietude e imersão num gradativo estado de enlevo d'alma em função do qual se situava aberto e receptivo o suficiente às sugestões oportunas que lhe segredava ao íntimo inquieto, aplainando o terreno para a sucessão dos acontecimentos que o colheriam muito em breve.

Com efeito, interrompeu ali a sua proveitosa intercessão junto a Laurêncio, que agora mantinha-se apenas pensativo, o espírito longe, como se mergulhado em cogitações de ordem mais pacífica, mais harmoniosa.

Alguém dava entrada no ambiente tranquilo do terraço, a voz cristalina e carinhosa dirigindo-se ao pai com um tom entre comovido e amorável.

— Papai, aqui estamos, de surpresa, a fim de sanar saudades e para resolvermos, juntos, o que for necessário ao sossego de todos!

Laurêncio, muito admirado, voltou-se de abrupto para a entrada, dando com a filha mais velha abrindo-lhe zelosamente os braços, um sorriso radioso desenhando-se no semblante amadurecido e belo.

Um desafogo inesperado e intenso tomou de rompante o íntimo do velho pai, que se pôs de pé num impulso, avançando.

— Flávia, Deus nos escuta as preces! Bem sabia todo o tempo que não nos relegaria à atual situação insustentável.

E agora lágrimas involuntárias brilhavam-lhe nos olhos, à revelia de toda a sua têmpera inflexível e orgulhosa.

— Nada existe que não possamos solucionar unidos, meu querido pai.

Abraçavam-se. Viviane, entrando em seguida, somou ao deles o seu abraço cheio de desamparo e esperança.

Agora as lágrimas desciam, silenciosas, pelos rostos dos três parentes assim unidos, sob a observação entre incerta e discreta de Almir, pouco atrás, e com a nossa assistência também esperançosa do outro lado da vida, tendo próximo a nós Alexandre com o rosto do mesmo modo lavado pelas lágrimas incontidas.

# Capítulo XII

# A preciosa lição da imparcialidade

Vencida aquela etapa preliminar de concurso fraterno prestado ao agrupamento familiar alvo de nossos zelos e aprendizado concomitantes, em comum acordo deixamos a casa temporariamente entregue às iniciativas e troca de impressões entre os parentes felizes que, mergulhados na aura benéfica proporcionada pelo reencontro inesperado, bem o sabíamos, lograriam atinar com ideias oportunas instiladas pelo profundo bem-estar compartilhado por todos naquele instante.

De nosso lado, cada qual condicionado pelo prisma das próprias experiências, teríamos ocasião de extrair ilações preciosas acerca dos aspectos mais amplos a serem refletidos com base na simples situação de ordem familiar que tínhamos sob enfoque, vindo ilustrar, ainda desta feita, o panorama mais vasto e insuspeitado de implicações contidas em cada lance do cotidiano, no mais das vezes indolentemente vivido nos cenários materiais sem uma conscientização maior de todas as determinantes e consequências que se estendem, infalivelmente, para além do que se entende como o todo do contexto de uma vida sob a ótica restrita da materialidade.

Tendo Marcus, portanto, se ausentado durante algum tempo rumo à colônia das esferas invisíveis da nossa procedência em busca de ocupações outras que o aguardavam, visivelmente satisfeito dos primeiros resultados da nossa intercessão despercebida nos problemas vividos no universo familiar de Alexandre, portanto, deixou-me ele na companhia deste último por algumas horas nas quais, a passeio pelas paisagens materiais daquele morno cair da tarde, trocamos proveitosas impressões e reconforto mútuos, que mais ainda compareciam para sedimentar e fortalecer uma amizade baseada, sobretudo, na profunda identificação de nível pessoal e de circunstâncias em torno da semelhança das nossas vivências no passado evolutivo.

Efetivamente, em comentando dos respectivos episódios recentes junto aos que nos interessavam mais de perto na esfera física, sobressaía-se, flagrante, a identidade de situações no que se referia à necessidade, nas nossas iniciativas, da imparcialidade no trato de determinadas nuances e particularidades pertencentes ao histórico de vida das queridas almas sob os nossos cuidados, que, de maneira inevitável, nos envolviam em contingências semelhantes na tarefa a ser desempenhada.

Tanto eu quanto Alexandre demandávamos esforços francos, visando ignorar e prescindir transitoriamente facetas grandemente passionais do passado em comum com as pessoas em questão, a fim de melhor atendê-las, objetivando um auxílio efetivo nos seus desafios e dificuldades de convivência junto àqueles personagens do momento, em relação a quem lhes cabia desenvolver, o melhor que pudessem, qualidades de conciliação e boa convivência, a despeito das limitações de ordem pessoal no mais das vezes ríspidas das quais cada qual se fazia portador — no caso em questão, Rangel, e, de meu lado, o espírito que comparecia reencarnado ao lado de Lucilla como seu consorte, todavia, antes disso, antiquíssimo conhecido nosso, meu e dela, de tantas etapas materiais anteriores nas quais a tônica foram acirradas dissensões de fundo eminentemente passional.

— Então, também tu te vês às voltas com problemas semelhantes no capítulo do teu aprendizado como Amparador, e justo da tua tutelada mais específica? — questionava de mim Alexandre, no momento em que margeávamos avenida das paragens materiais tumultuada por grande movimentação de transeuntes apressados na busca de seus interesses, totalmente imersos no seu universo íntimo e desligados da existência daquela segunda corrente de vida mais autêntica e mais vasta da invisibilidade, da qual, ali, éramos apenas mais dois representantes da sua imensa superioridade numérica em relação aos próprios reencarnados em trânsito naquele trecho da grande metrópole brasileira.

Franco, e sem falsa modéstia, limitei-me a anuir, as mãos cruzadas atrás das costas durante o agradável passeio na companhia do mais novo amigo de vivências símiles às que experimentava.

— Marcus é bem claro nas suas elucidações ao explicar que o que se pede numa situação como esta de modo algum é que abramos mão da autenticidade dos nossos sentimentos, no capítulo delicado da construção da nossa afetividade no decorrer vertiginoso dos séculos; apenas que reajustemos o modo de ver as coisas, para a compreensão de que os que são alvo dos nossos sentimentos certamente continuarão assim, ocupando esta posição privilegiada, sem a necessidade de nenhuma reformulação deste importante e valioso pormenor... *desde que* alcancemos o entendimento de que o verdadeiro erro consiste, *sim*, no sentimento de posse de quaisquer indivíduos do rol daqueles nossos afetos mais preciosos. — E, rindo um pouco, talvez que de mim mesmo, arrematei: — Já que não se faz necessário tal gênero de emoção egoísta, pois que, de modo voluntário, os que se estimam mutuamente desta forma, em grau extremo de empatia e de sintonia vibratória, assim permanecerão em relação a nós, sem nenhum esforço, antes por prazer e para a felicidade idealizada para nós pelo Criador. Todavia, gradativamente haveremos de ampliar, como se deve, o círculo fraterno para com outro sem-número de almas cujo destino nos acompanhará em imenso círculo luminoso de amor em direção a dimensões outras, mais gratas, da Vida Maior.

E, aludindo para ele uma lição que também, e ainda, era a principal do meu currículo de aprendizado evolutivo dos últimos tempos, na companhia dos meus próprios instrutores, prossegui:

— Tudo espontaneamente. Levemente. Sem o ônus ingrato dos ciúmes, dos ressentimentos, das mágoas e das algemas compulsórias que, no mais das vezes, e de dentro da nossa invigilância cega, julgamos poder apor nos pulsos do próximo, e justo nos daqueles a quem mais amamos, cerceando-lhes a necessária liberdade para que também aprendam, evoluam e cresçam junto a nós e a muitos que lhes calam de maneira especial ao coração, causando-lhes involuntariamente, com isso, desnecessário sofrimento.

Notava que Alexandre ouvia minha breve preleção contrito e profundamente absorto. Evidenciava-se na sua fisionomia, agora mais desanuviada e disposta, que o que escutava produzia-lhe gradativo bem-estar, talvez pela identificação experimentada em relação àquelas lições.

— Mas como se resolve o pormenor do sentimento preso aos ditames conjugais do nosso passado, profundamente enraizados nos nossos corações para com as pessoas em questão? Ouvi certa vez Marcus comentar sobre a característica que vos diz respeito, a você e a Lucilla, de serdes exemplos dignos das mencionadas almas gêmeas tão mal compreendidas na esfera material.

Anuí com simplicidade, embora cauteloso do que explanaria sobre um aspecto melindroso do enredo que nos dizia respeito mais de perto e mais significativamente.

— Alexandre, com o tempo compreendemos que, daquele amor apaixonado que tantos lances dramáticos desencadeou no desenrolar dos episódios passionais dos nossos dramas humanos, o que nos fica é apenas o extrato, a grata e prazerosa quintessência do amor, em si. — E, acrescentando para ele, reflexivo e com honestidade, em parte também apreciando grandemente a oportunidade renovada de confidenciar com o novo amigo afim em vivências e em impressões de mesma ordem: — Outrora, bem há pouco, também experimentei em mim esses mesmos dilemas que o confundem. Somente me tranquilizei ao entender afinal, pelas vias práticas e não mais que normais, que o fato de essas nossas queridas complementações de alma crescerem em afetividade para com muitos outros irmãos de jornada não nos rouba, em absoluto, a posição na qualidade de sentimentos e no lugar que ocupamos em seus corações. — Olhava-o agora com simpatia, interessado em desviar do meu caso pessoal o proveito do diálogo a fim de que também ele tivesse a oportunidade mais ampla de reflexão. — Quais são tuas impressões a respeito, por sua vez, e no que se relaciona a Viviane, por exemplo? Julga diminuída a intensidade da tua empatia mútua apenas em função do que ela vivencia agora, na materialidade?

— De jeito nenhum! — apôs Alexandre, com sinceridade, um tanto surpreso da constatação súbita que a pergunta lhe proporcionava. — Mesmo no período reencarnatório, de obscurecimento da memória para o nosso passado evolutivo e vidas pregressas, eu e ela sempre primamos por um entrosamento terno, intenso e espontâneo. Desde crianças compartilhávamos as mesmas ideias, o perfil amoroso, as opiniões sobre detalhes relevantes e irrelevantes do dia a dia.

Sorri, meneando.

— É disso que falo.

E, em notando que ele se empolgava para contar mais, abrilhe espaço para o extravasamento do universo de impressões importantes acerca do seu caso particular. Alexandre, efetivamente, e em passando naquele instante por um parque ladeado por bancos nas vias públicas, atraiu-me até um deles, convidando-me a palestra mais demorada e que, adivinhava, seria proveitosa.

— Na companhia de Marcus e de outros Amparadores, Caio, gradativamente estou acessando a memória do passado obscuro e milenar, e isso tem sido de grande ajuda para o devido entendimento de particularidades difíceis da conjuntura atual. Outrora, eu e Rangel fomos irmãos de sangue, filhos dessa mesma mãe que me acompanhou os passos na última etapa finda. Interessamo-nos então, a um só tempo, por Viviane, a Mariana de umas duas reencarnações atrás, de quem minha atual mãe positivamente não gostava, pelo grau extremo de discórdia que provocava entre mim e o Álvaro daquela época; mas não apenas por isso...

Admirado, interessei-me pelo desenrolar do que confidencialmente me expunha.

— Esta Viviane, tua irmã da última vida física, então...

— Veio agora como filha desta mulher que, no passado, chegou mesmo a detestá-la... por ingredientes sérios vertidos por ambas na situação, diga-se — concordou Alexandre, com certa tristeza.

E vendo minha atenção concentrada no que relatava, ainda com certa relutância originada no desconforto que aquelas recordações lhe provocavam, após curta pausa prosseguiu, encorajando-se:

— A verdade é que a Mariana daqueles tempos, jovem belíssima de família bem posicionada, primava pela volubilidade imatura de uma filha caçula, acostumada a ver atendidos todos os seus caprichos. E, ainda que sob os protestos francos de seus irmãos mais velhos e familiares, em vendo-se alvo do interesse disfarçado de dois outros jovens de condição social inferior, meteu-se num dilema de consciência ao estimular, um tanto inconsequentemente, as pretensões de ambos. De início em Álvaro, o meu então irmão mais velho; posteriormente, todavia, e constatando com o passar do tempo uma semelhança maior de temperamentos entre ela mesma e o jovem Tadeu, inclinou-se irresistivelmente para o meu lado.

— Tu eras, pois, o Tadeu.

— E Rangel, o meu irmão, Álvaro — confirmou Alexandre. E continuou diante da minha admirativa atenção ao relato: – Bem, o que a nenhum dos jovens envolvidos naquele triângulo amoroso ocorria era a percepção de que tudo estaria malogrado na nascente fosse qual fosse o resultado daquele embate. Nossos pais cedo nos alertaram que a família abastada de um comerciante jamais acolheria para pretendentes de suas filhas alguém de condição financeira inferior, como nos situávamos. Éramos filhos de fazendeiros, cuja fonte de subsistência derivava da pecuária de pequeno porte, o que nos situou junto à família de Mariana como meros fornecedores de matéria-prima para os produtos que comercializavam com irradiações prósperas dentro de todo o país. Mas, como sempre — e era

Alexandre quem agora sorria com certa dose de melancolia —, em se tratando da juventude, costuma-se ignorar este tipo de condicionamento na hora em que a linguagem do coração começa a se fazer ouvir! Você não pode imaginar o tamanho do drama doméstico desencadeado devido à insistência intransigente com que tanto nós mesmos quanto a Mariana de então mergulhamos num embate entre famílias em nome da liberdade de sentimentos e de escolhas no território da afetividade. Minha mãe, como mencionei, tomou-se de ódio pela volúvel Mariana de então, a quem chegara a ver na companhia de Álvaro para pouco depois — e para a sua cólera, combinada à de meu irmão, com justeza — verificar que se passara irrevogavelmente para um romance tumultuado e cheio de lances dramáticos comigo.

— E como a família dela se posicionou na situação?

Alexandre meneou.

— Foram tantos os episódios lamentáveis, as dissensões, brigas lastimáveis entre mim mesmo e Álvaro; os desentendimentos no meu ambiente familiar com quem fora meu pai, que naquele tempo primava pela dignidade e por um orgulho quase despótico. Conto-lhe o resumo de uma história que até hoje, como você agora observa comigo, ainda reverte seus frutos amargos, Caio; o fato é que os familiares de Mariana somaram sua indignação à de meus próprios pais e irmão. O confronto pungente entre as famílias foi inevitável, e o desfecho foi a penúria ocasionada pela situação de desemprego na qual nos vimos atirados, depois que o senhor Nestor, pai de Mariana, dispensou sumariamente a nossa prestação de serviços, cuja remuneração, em sendo alta, era o arrimo da nossa sobrevivência.

Um tanto perplexo, custei a admitir o que a voz interior já me segredava, mas ainda assim arrisquei expor a dúvida:

— E quem era o senhor Nestor? Ainda os acompanha de perto na presente etapa na materialidade?

— O senhor Nestor, Fábio, é justamente o nosso pai da etapa finda, Laurêncio, que ainda hoje tem arestas sérias a aparar com

Rangel... o Álvaro com quem Viviane, a então Mariana, se envolveu em primeiro lugar.

— E de quem agora depende de grandes favores. — Não consegui impedir o assombro diante daquelas revelações.

— Com a situação de penúria na qual nos vimos atirados intempestivamente, meu pai teve a saúde seriamente comprometida, após ter se humilhado indescritivelmente em ocasiões nas quais solicitou de Nestor a devida reconsideração de seu posicionamento, alegando que, se a eles desagradavam as inclinações afetivas de sua filha, nisso estavam também ele e minha mãe de acordo. Mas o patrão de então, melindrado no seu orgulho preconceituoso, não quis saber de nada. E meu pai desencarnou em curto intervalo de tempo após aquela série extemporânea de desgostos vividos, pois dificilmente nos aviamos depois daquilo para o nosso sustento, passando a meros produtores de subsistência. Com o falecimento de nosso pai, portanto, meu irmão mais velho, Álvaro — o Rangel de hoje —, tomou a frente do provimento familiar, junto comigo, quando houvemos de vencer ao menos provisória e superficialmente as acirradas diferenças acerca da jovem que, os dois, amávamos; mas com quem nenhum dos dois logrou ficar, no fim das contas, sob as pressões tirânicas de seus familiares. Ainda assim, Álvaro passou o resto da vida jurando vingança contra Nestor pelas dificuldades desesperadoras pelas quais passamos, porque mamãe, com o tempo, e acusando duramente Mariana pelas desgraças de que nos vimos vítimas, em poucos anos seguiu meu pai para os domínios além da transição física. E ficamos nós, portanto, os dois irmãos, com o duro tanto quanto ríspido encargo de prover a manutenção daquela pequena economia familiar.

Alexandre tomou breve fôlego, suspirando. Notei que naquele ponto ele tinha lágrimas contidas nos olhos perdidos na movimentação em volta, de pessoas indo e vindo, como se imerso profundamente em cogitações. E arrematou, devaneando naquelas impressões doloridas, a insuspeitada história de que se fazia portador junto às almas de cujas vivências seguíamos ultimamente o desenvolvimento:

— Mais tarde, e em nunca tendo perdido Mariana de vista devido à proximidade das residências, situadas na mesma cidade, envolvi-me com ela em situação escusa, quando já se achava casada com homem rico, das relações do pai, por quem nunca experimentou nem mesmo as preliminares do sentimento amoroso. Sabendo do caso, Álvaro se distanciou definitivamente de mim, relegando-me de novo a uma situação financeira difícil e deixando falar mais alto o ódio e o ressentimento pelo que julgava uma traição renovada nas minhas atitudes. — Olhando-me resignadamente, tomado de um cansaço íntimo nítido, acrescentou: —Eis aí, sintetizada, a nossa história por trás dos cenários de hoje, Caio. Cheia de lances obscuros, lamentáveis, de difícil resolução nos seus desdobramentos atuais.

— Em razão do que, tanto quanto ao que me diz respeito, provavelmente estejamos aprendendo agora a lidar com imparcialidade, da ótica mais ampla da nossa dimensão de vida, com os desafios desses que ajudamos a atirar em situações de conflito em decorrência da nossa impulsividade, e a quem atualmente ansiamos por auxiliar da melhor maneira possível, resgatando enganos passados ao passo que também somos movidos pelos elos de amor indissolúveis que a eles todos nos une —concluí o seu comentário eivado de desânimo, na tentativa de levá-lo a uma percepção mais exata das determinantes do problema. — Compreendes?

# Capítulo XIII

# *O fio da meada*

— Em se tratando de vidas sucessivas, nunca se perde o fio da meada.

Marcus fazia este comentário bem-humorado ao início de mais um dia que prometia muito em termos de aprendizado.

— Nós é que pensamos, quando ainda reencarnados, que nada faz sentido nas vivências que aparentemente nos colhem de improviso, julgando-nos ora injustiçados, ora bem aquinhoados — completou seu raciocínio, em tom descontraído e arejado.

Havíamo-nos demorado na colônia durante um intervalo curto, que empregamos num pouco de repouso e lazer para refazermos a disposição diante das tarefas voluntariamente assumidas junto aos entes queridos ainda entretidos com a vida corpórea.

Assistíramos, naquela manhã, à magnífica encenação teatral em extenso parque relvado e florido, ornado com lindos chafarizes murmurantes por entre riachos e fontes, encenada por jovens residentes na bela cidade espiritual situada sobre as terras italianas, cujo tema girava em torno bem daquelas lições ultimamente assimiladas nas nossas atividades preparatórias visando o trabalho como Amparadores de nossos afetos reencarnados.

E, em olhando especialmente para a minha fisionomia talvez algo ausente de onde nos achávamos, acrescentou outra nota bem-disposta para Alexandre que, sob os efeitos excelentes da manhã banhada pela diamantina claridade solar, indescritível em termos materiais, escutava-o como que tendo a alma lavada de novos ímpetos e de otimismo pelo que estava por vir:

— Nosso amigo Caio volta e meia nos surpreende com este estado de espírito ausente, muito embora a sua atuação marcante em tudo a que se dispõe desenvolver conosco. Aposto que anda lamentando a ausência de alguém mais ao nosso lado esta manhã; alguém muito do meu conhecimento, que sei de longa data apreciadora dos eventos artísticos de Elysium — observou, risonho, aludindo com acerto à minha cônjuge da Vida Maior, de quem de fato me ressentia da ausência naquele momento por estar reencarnada, contando com o meu amparo do lado invisível da vida como com insuspeitado esteio perante os desafios que, a nós dois no processo, cobrava-nos empenho na superação de acontecimentos enraizados num passado anterior remotíssimo aos eventos do presente, aparentemente dissociados dessas determinantes longínquas. E era exatamente a isto que Marcus se referia ao comentar o caso em curso com Alexandre e seus familiares.

Contudo, imerso num estado profundamente apaziguado de ânimo, apesar de tudo, limitei-me a devolver-lhe o sorriso amigável, em assentimento tácito, permitindo que continuasse a preleção entusiasmada, enquanto nos distanciávamos pelo parque em agradável passeio.

— Fica mais claro agora, ao teu entendimento, Alexandre, as razões primeiras do quadro atual vivido pela tua estimada mãe terrena? Alcançaste há pouco as lembranças de quem fora a senhora Estefânia, por trás dos cenários atuais na materialidade, onde agora convive e compartilha aprendizado com antigos conhecidos seus.. — E, como Alexandre anuísse meneando levemente, entre pensativo e alheio, completou para mim, que lhe escutava as elucidações com evidente interesse: — A dona Estefânia, de nome Dália naquela época distante, desencarnou em seguida ao finado esposo após ter suportado longo período de necessidades e de penúria ríspidas de ordem material. Passara fome e frio, decorrente fragilidade orgânica e doenças disso advindas, de soma com o estado de espírito deplorável, saturado das energias deletérias e destrutivas do ódio e dos anseios de vingança. Consumia-se, dia a dia, com pensamentos funestos, com elucubrações sombrias e julgamentos inclementes acerca da conduta da jovem que, a seu ver, lhe arruinara a paz do ambiente doméstico em mais de um sentido. Mais das vezes, nos trabalhos de ordem regressiva, de fato a vemos em cenas lastimáveis nas quais, durante os diálogos e desentendimentos com seus dois filhos, acusava-os duramente de terem, ambos, de forma leviana e irrefletida, se inclinado afetivamente para uma indigna representante de família de princípios desumanos, nefastos e orientados em função de ambição, preconceitos e orgulho cruéis. Até seu último minuto de vida, debatera-se inútil e incansavelmente na tentativa de extirpar, por força, e principalmente do coração do filho mais novo, o sentimento reputado nocivo pela jovem, a seu ver, promíscua, que não se pejava de atrair e seduzir ambos os irmãos para, no fim, tripudiar nos sentimentos dos dois, sem ficar com nenhum, sabedora que era, provavelmente desde o início, como deduzia, da índole intransigente que lhe caracterizava os pais, bem como do impedimento intransponível que tal fato, por si só, constituía àquele tipo de associação entre as duas famílias.

Alexandre acrescentou um comentário lúcido ao relato do Amparador experiente, para efeito de esclarecimento aos meandros desconhecidos daquele drama de ordem emocional que a todos aqueles personagens jungia já havia tanto tempo.

— Mamãe, infelizmente, desconhecia o que em profundidade ia na alma de Viviane naquela época, Fábio. Praticamente uma criança, não lhe cabia premeditação no que aconteceu. Imatura talvez, e em consequência invigilante para com estas particularidades da alma, portou-se como a adolescente que vive o momento presente do seu universo emocional considerando apenas as determinantes daquela hora, sem se deter nos desdobramentos e implicações da situação. Foi sincera, de início, com o então Álvaro, assim como também foi comigo depois, sem poder contrariar as diretrizes do seu coração; tanto que, voltando-se para mim, com quem consolidou ligação afetiva indissolúvel até o arremate dos seus dias, não conseguiu mais voltar-se para o meu irmão sob nenhuma hipótese. E, vendo o terrível drama familiar desencadeado em função disso, também consumiu-se em pungente dilema, inculpando-se voluntariamente pelas tragédias desencadeadas sobre a minha família de então, em razão da intransigência tirânica dos seus parentes.

— Todos desencarnaram, naquela época recuada, dominados por letal carga de negatividade ditada justo por estas amarguras e ressentimentos profundos — confirmou Marcus com a tranquilidade habitual. — Viviane, a Mariana de então, sem poder desligar-se da postura condenatória contra si mesma no que dizia respeito aos prejuízos e sofrimentos da alma grandemente irascível da Dália daquela etapa corpórea, em acordo com Alexandre durante o período posterior ao desencarne, fez questão de comparecer novamente ao palco material na posição de filha comprometida com o esforço de conciliação para com esta alma que, até hoje, tende a lhe votar, inconscientemente, cobranças e acusações a pretexto das menores eventualidades, desde a sua meninice. O arremate do seu comprometimento se dá justamente agora, durante a fase do agravamento da moléstia de dona Estefânia, cujas raízes de ordem espiritual se ocultam neste seu posicionamento pétreo na irascibilidade e orgulho que não lhe permitiram, outrora, enxergar a realidade de uma perspectiva mais ampla, mais realista, abrangendo com o coração as motivações de cada parte envolvida. Veio naquele tempo tendendo a uma interpretação da vida que lhe fazia enxergá-la de uma ótica míope, dissociada da veracidade maior de todas as situações que nos colhem no decorrer rápido da nossa existência na matéria; isto, portanto, determinou que agora padeça, na fase da senilidade, desse alheamento patológico que também a desconecta até mesmo da esfera que lhe é mais familiar, na atual conjuntura de sua jornada terrena.

Marcus pausou, dando oportunidade a que assimilássemos em toda a sua extensão os fios condutores, as causas, consequências e probabilidades do presente, tendo em conta este comovedor enredo de um passado já enevoado pelas malhas imensas da nossa trajetória pretérita.

— Também obtive formidável entendimento para as nuances dúbias da minha convivência com Rangel na reencarnação que findei há pouco — disse Alexandre, após o intervalo em que, a passeio ao nosso lado, se demorou em longas considerações de ordem pessoal.

— A que se refere? — quis saber, ao que Alexandre dirigiu-me os olhos brilhosos de uma estranha luz.

— No decorrer da última etapa na matéria, em sendo irmão de Viviane, não foram poucas as vezes em que me interpus nos desentendimentos entre os dois, ora harmonizando situações, ora intervindo decisivamente em defesa desta alma querida que agora fora minha irmã. Mas, aliado ao grau de entendimento e conciliação autêntico que dividia com o então cunhado, nítido de meu íntimo brotava inconfundível dilema; um sentimento de retaliação, de ressentimento, do qual não lograva explicação lógica. Um ciúme e posse despropositados no que dizia respeito a Viviane, em determinados momentos, ao lado de, em outras ocasiões, um impulso natural de compreensão espontânea dos dramas difíceis com que ele deparava na convivência dela e de meus pais. Compreendi que era o irmão de outrora reconhecendo no cunhado de então uma alma que me fora, antes, afim, consanguínea em outros tempos, e em relação a quem me cabia buscar entendimento nos problemas enfrentados na intimidade familiar em razão de adivinhar um conhecimento profundo dos meandros daquele que dividia comigo, desde tempos insuspeitados, agruras comuns.

— E em quais outras situações tu e Viviane vos unistes maritalmente? —puxei mais pelas suas reminiscências, desenvolvendo o assunto.

Neste ponto, observei os olhos vívidos e joviais de Alexandre se empanarem mais um pouco de melancolia pelo que a pergunta lhe evocava à retina do espírito.

— Em várias vidas... muitas recuadas; Escócia, mais recentemente na Argentina. Possuímos, ambos, inumeráveis vínculos espirituais em outros países, onde atualmente se acham dispersos, envolvidos nos próprios rumos e enredos, no emaranhado de um mosaico imenso, impossível de descrever...

Andamos um pouco em silêncio. A tarde prosseguia amena, deliciosa, e gastamos alguns instantes mergulhados em pensamentos e ponderações íntimas, entretidos com o esvoaçar gracioso de belos pássaros, que cortavam placidamente o azul dos céus, e com a exuberância da natureza em torno.

— Ainda assim — arrematava Marcus com humor, após esse breve intervalo digressivo —, em meio a este emaranhado imenso, aparentemente incognoscível, não perdemos, nunca, o fio da meada — tornou a enfatizar, perante os nossos sorrisos agora descontraídos, porque afinal aquilo sempre se evidenciaria por si, e, obrigados a concordar, experimentávamos nesta conclusão bem-vindo reconforto.

— É fato, meus amigos — continuou ele. — Tudo nesta vida, embora em muitas das vezes tenha aparência de casualidade, tem a sua razão de ser, a sua explicação, o seu nascedouro. — E, como agora se recordasse de compromissos anteriormente firmados, alertou-nos, entre sério e oportuno: — A propósito mesmo dessas coisas, o caminho e as tarefas não findam e nos aguardam. Devemos alinhar planos para as horas vindouras no episódio familiar de Alexandre, pois o desfecho do reencontro entre Laurêncio e os seus não correu de todo satisfatório como desejaríamos.

## Capítulo XIV

# A visão do instrutor

— A que se refere? — indagou logo Alexandre, sem esconder a preocupação fisionômica, ansioso por saber.

— Flávia e Almir chegaram ao lar paterno com as melhores disposições conciliatórias, tendo em conta principalmente o estado de saúde delicado de dona Estefânia. Todavia, encontraram um Rangel desgastado pela longeva situação insustentável. Não se achava em condições de receptividade apropriadas para tentar compreender as limitações naturais do sogro na conjuntura, como intentava Flávia ao reunir-se com ele privativamente, em hora oportuna. Desentendeu-se, portanto, como resultado, com a cunhada e por extensão com Almir, cuja boa vontade pela situação só persiste pela acentuada ascendência que a esposa exerce sobre o seu ânimo. Por extensão, acirraram-se as suas desavenças com o senhor Laurêncio, que não o perdoa agora, e, de acréscimo, pelo transtorno que a sua truculência provocou num momento de bem-vinda reunião familiar que inicialmente o tinha enchido de satisfação, e que poderia ter revertido em boas soluções para o problema da senhora enferma — contou Marcus, mantendo sua tranquila lucidez.

— Oh! E que lhe parece agora apropriado para auxiliarmos neste impasse? —voltou Alexandre, visivelmente desapontado, externando franca preocupação.

Mas Marcus trocou comigo um olhar de entendimento e deixou para mim a oportunidade do esclarecimento.

— Se dentro do ambiente saturado de disposições desencontradas e adversas não se obtém a serenidade necessária à renovação de intenções e de diretrizes, Alexandre, de nosso lado dispomos de alternativas viáveis para conduzi-los a situações nas quais contarão com a oportunidade de reavaliação da questão de um outro ângulo — expliquei sem demora, atendendo-lhe à ânsia visível, estampada nas suas jovens feições.

Marcus aquiesceu, completando o raciocínio enquanto voltávamos a caminhar a passeio pelas paisagens reconfortantes de Elysium.

— Alexandre, imagina-te vivendo, em decorrência de limitações hipotéticas, por um dilatado período dentro de uma mesma residência — Parou um pouco, apontando para bela moradia a distância, dando para um panorama paralelo ao local onde estávamos, com bosques e lagos reverberando à luz cristalina do sol. —, de onde acessará cenários magníficos de tuas janelas e pórticos, é bem verdade... Mas cujos cenários, no entanto, e tu haverás de concordar, só lhe oferecerão uma face da tua realidade.

Alexandre acompanhava-lhe com interesse a elucidação, já cativado pelo forte magnetismo presente em Marcus em qualquer ocasião em que assim se demorava em instrução de valor indizível aos seus tutelados ou eventuais assistidos da esfera invisível. Ele apenas assentiu, acompanhando-lhe com facilidade a linha de pensamentos.

— Bem... daqui mesmo de onde estamos é fácil a conclusão de que visualizamos, por exemplo, aqueles jardins mais lá para trás, cujo alcance não te favoreceria em razão de situarem-se em local inacessível a todas as janelas disponíveis na residência, e assim tu serias prejudicado se te fosse requisitada uma descrição fidedigna da paisagem em torno. Inevitavelmente, descreveria apenas o que te estaria ao alcance da visão, excluindo este e outros tantos detalhes que a nós, todavia, e a outros presentes em diferentes setores da imensa planície, seriam facilmente visíveis, donde se conclui que a nossa percepção da realidade, deste mesmo lugar, diferiria bastante da tua, confinado entre quatro paredes que te tolheriam a noção mais completa do que compõe o panorama em torno, não é?

— Evidentemente — concordou o outro na mesma hora, examinando os arredores, pensativo, e tentando atinar com o que as palavras do instrutor sugeririam diante daquilo, e no seu caso particular.

Mas Marcus não se demorou no arremate do raciocínio.

— Pois bem — declarou amigavelmente —, esta será a providência em favor dos nossos amigos encerrados nas *quatro paredes* das experiências materiais: os atrairemos até aqui, de onde se usufrui de um ângulo de visão mais amplo sobre todas as coisas, a fim de enriquecer e auxiliar os esforços conciliatórios que a denodada Flávia mobilizou, até agora sem o sucesso pretendido, na tentativa de que as suas melhores intenções não sejam desperdiçadas e surtam o melhor efeito possível na delicada questão familiar em curso.

— Mas... como assim, "os atrairemos até aqui"? E quais deles, mais especificamente? — Agora Alexandre olhava também para mim em busca de maiores esclarecimentos.

Ao que lhe sorri.

— O período do sono noturno na face da Terra ainda não foi devidamente apreciado em todos os benefícios de ordem espiritual que nos proporciona, amigo — disse-lhe, batendo afavelmente em seu ombro.

— Mas — ele ainda aludiu, começando a entender melhor — como se resolve o problema vibratório para que nos percebam devidamente, de modo a que nossa intercessão resulte no benefício pretendido? É evidente que se acham imersos num padrão baixo, negativo, inconveniente para os nossos propósitos, em decorrência da atmosfera lastimável imposta ao ambiente do lar saturado das vibrações deletérias das discórdias sucessivas, já de há um sem contar de tempo!

— Na impossibilidade do tentame nesse sentido, *nós* nos faremos devidamente percebidos por eles, dispondo dos devidos recursos fluídicos —explicou-lhe Marcus. — Esperemos o decorrer do dia e, ao cair da noite, quando se entregarem ao repouso do corpo material, você mesmo acompanhará as providências e auxiliará na iniciativa.

# Capítulo XV

# *Encontro no invisível*

O único ambiente propício ao tentame era a residência mesma onde se achavam reunidos e entregues ao repouso noturno Laurêncio e os seus familiares.

Habitantes do nosso plano da vida, indolentes e maldosos, que vinham sistematicamente se alimentando do espetáculo lastimável das discórdias repetitivas entre os membros da família, alinhados vibratoriamente, por sintonia, com o padrão energético deprimente emitido pelos moradores, ali se demoravam, agora entediados e incomodados com a nossa presença, de modo que nos competiu o trabalho anterior de profilaxia no ambiente, com a ajuda de outros amigos especializados na retirada momentânea desta espécie de desocupados do além, sempre que a missão de ordem superior requisitava tal providência em favor do sucesso do que se objetivava.

A autoridade moral, de ordem evolutiva, é ferramenta irresistível utilizada pelos trabalhadores de escol em prol da população reencarnada, subjugando sem resistência muitos dos irmãos imersos em enganos a vagar sem rumo nas esferas invisíveis adjacentes à crosta, nada obstante o que sustente as condições depuradas de qualquer ambiente terreno seja sempre, em qualquer situação, a disposição íntima dos que em cada lugar pugnam nas suas lutas diárias de ordem material.

De fato, de nada adiantará, em caráter permanente, que os amigos da vida invisível saneiem um ambiente viciado nas energias deletérias do ódio e das desavenças, se os próprios e maiores interessados não vigiarem pensamentos e atitudes, forçando a mudança indispensável primeiro dentro de si mesmos, e transmutando assim, em caráter definitivo, os padrões vibratórios indesejáveis emitidos antes de tudo de si mesmos, pois que este é o fator maior e irresistível de atração desta ou daquela entidade que venha a se compatibilizar com a atmosfera espiritual reinante em cada reduto familiar terreno.

Assim que é comum famílias de artistas atraírem do invisível simpatizantes da arte que lhes inspiram as atividades, cooperam prazerosamente nas tarefas e desafios do dia a dia, tanto quanto se intrometem nas decisões importantes a respeito das realizações futuras, assim como os componentes de um agrupamento votado a ações criminosas e escusas se acasalam livre e espontaneamente com indivíduos do astral circundante da Terra ansiosos por participação nas mesmas atividades sombrias que levaram a efeito quando ainda reencarnados, normalmente deixando o mundo em decorrência dos efeitos deploráveis das suas escolhas malsãs.

Adentrando, portanto, o espaço da moradia familiar de Alexandre, depois de recebida a confirmação de que se achava a casa depurada de presenças e vibrações mais deletérias, sondou Marcus os arredores, deparando com o modo curioso com que os habitantes da casa se achavam, de maneira mais ou menos consciente, espalhados por ali, uma vez que devidamente alertados pelos trabalhadores amigos que operavam conosco para que não se ausentassem.

Percorrendo os cômodos, cada um a seu turno, verificamos Viviane postada carinhosamente ao lado da mãe adoentada, cujo espírito, em estado letárgico de perturbação, não se demovia de perto do corpo entregue ao repouso. Rangel, no extremo oposto da residência, nos terraços dos fundos, evitava visivelmente as peças dianteiras onde se encontravam o sr. Laurêncio na companhia da filha mais velha e do genro, entretidos em palestra discreta que evidenciava em todos o aturdimento provocado pela situação inusitada.

As crianças foram levadas por parentes espirituais e trabalhadores de Elysium a estâncias de recreação onde se entreteriam com outros pequenos durante o período de sono noturno.

Fazíamo-nos visíveis a eles após o trabalho de assimilação fluídica de duas médiuns naturais e poderosas na emissão ectoplásmica espontânea, que no caso eram a própria Viviane e Flávia, cujos repousos eram supervisionados por Danilo, técnico da nossa estância especializado em operações fluídicas deste teor.

Voltaram-se na nossa direção com grande espanto ao darmos entrada respeitosamente na sala onde se agrupavam, após a saída dos que anteriormente lhes rogaram a permanência no ambiente doméstico.

Do quarto, Viviane, postada contrita ao lado da mãe, como sentinela amorável e fiel, deu logo pela presença renovada de Alexandre e saltou de onde estava, correndo ao encontro do grupo assim reunido enquanto Flávia e os demais se tomavam de grande assombro ao deparar com o irmão e cunhado assim redivivo, e naquele instante radiante e emocionado com a oportunidade de reencontro com a família que havia pouco deixara nos domínios materiais terrenos.

Foi justo ele quem ensejou o primeiro diálogo:

— Minhas irmãs queridas... nada temais. Trago comigo amigos, com o intuito de visitá-los e também de prestar-lhes algum auxílio que se faça necessário no dilema que os perturba no presente momento que vivem. — Alongando por breve instante o olhar na direção do quarto onde a mãe ainda se achava na mesma condição alheia, avisou: — Deixem que nos avizinhemos primeiro de mamãe, para verificarmos seu estado e ajudarmos no que estiver ao nosso alcance. Depois conversaremos, certamente com proveito para todos...

Assim, abraçaram-se os três irmãos, dominados por visível e terna emoção. Depois nos dirigimos ao quarto da enferma, seguidos de perto pelo ainda surpreso Almir.

Marcus requisitou-me o auxílio na intercessão preliminar que envidou junto à enferma. De modo que, após a aplicação meticulosa de passes ao longo de todo o corpo perispiritual de dona Estefânia, demorou-se o lúcido instrutor em monólogo curioso dirigido à senhora debilitada que, assim prostrada em estranha alienação, todavia, e conforme Marcus lhe deitava aqueles dizeres sussurrados e cheios de ternura e esclarecimento, evidenciou patente alívio no semblante ausente e no aspecto drasticamente empalidecido do corpo físico encolhido no leito como se mergulhado em sono agônico e desassossegado.

— Nada temas nem descreias do amparo infalível de Jesus aos que dele necessitam, minha irmã. Para todo caso doloroso vivido nesta passagem rápida pela Terra, há razões de ordem íntima que, uma vez sanadas, de imediato levam à plena recuperação de nossas forças, saúde e ânimo. Tens, além disso, filhos carinhosos que não a desamparam nos cuidados e no carinho precisos: Viviane, por exemplo, aqui se encontra como sempre, como a sentinela fiel e amorosa que te vale em todos os momentos. O amor desta filha mais nova funciona junto aos seus padecimentos como bálsamo do qual não podes prescindir, minha irmã; mas, na intenção de usufruí-lo plenamente, em comunhão plena de almas, se faz necessário o perdão há muito adiado e sepultado nas mágoas pregressas, das quais relutas em se desfazer e que em nada te auxiliam, residindo nelas, sobretudo, a nascente dos males que por ora a maltratam. Tentemos compreender as razões do próximo, em qualquer ocasião em que nos achemos prejudicados por elas, dona Estefânia, pois deste requisito nos ressentimos todos, certamente, em variadas ocasiões da nossa trajetória, uma vez que ninguém está livre de necessitar, por sua vez, da boa vontade, compreensão e perdão do semelhante para com as nossas atitudes muitas das vezes mal sopesadas e geradoras, por sua vez, de sofrimentos e prejuízos — ele arrematava, diante da minha assistência entre reverente e admirativa, pois que era inédito à minha observação de aprendiz o método de que o instrutor se valia naquele quadro, a fim de instilar no espírito aparentemente inconsciente de dona Estefânia os princípios terapêuticos mais valiosos do ponto de vista da cura orgânica, já que incidem na restauração dos valores íntimos da paciente, induzindo-a, paulatinamente, à precisa renovação interior que, naturalmente, reverterá a prazo imprevisível no desfazimento definitivo da moléstia que — como todas as demais que flagelam o homem em luta na matéria — encontra a sua nascente nos distúrbios de ordem espiritual abrigados por todo gênero de invigilância humana, na lide inadequada com os preciosos dons da vida durante a longa jornada das vidas sucessivas terrenas.

Os demais, como eu mesmo, e a certa distância, presenciavam a cena tocante, mergulhados cada qual em impressões distintas, que variavam entre a emoção sincera e comovida e a aturdida perplexidade de quem tenta compreender.

Exatamente ao final daquela valiosa providência, quando Viviane, amparada por Alexandre e Flávia, vertia lágrimas cheias de gratidão pela intercessão amorosa do experiente Amparador, Rangel surgiu por trás de todos, no cenário da sala, aparentemente atraído pelo silêncio súbito entremeado pelos murmúrios sussurrados dos visitantes, no ambiente da moradia imersa na obscuridade suavemente banhada pela luz do luar daquela noite.

Em se apresentando de dentro da predisposição ressabiada e indisposta mantida quando em vigília no corpo físico, transferindo ainda mesmo para o ambiente da Vida Maior as impressões ingratas experimentadas no decurso do dilema familiar excruciante dos últimos tempos, nada obstante percebemos um certo estupor, flagrante, a assenhorear-se da sua fisionomia assim que identificou, dentre os desconhecidos presentes no ambiente de sua casa, o supostamente finado cunhado, Alexandre, posicionado em atitude carinhosa próximo à esposa e à mãe enferma, no quarto desta última, observando ainda os arremates dos cuidados envidados por Marcus à senhora adoentada e prostrada, agora, em sono letárgico e profundo.

— Que se passa aqui? — indagou, preso desta disposição assombrada, de mistura com o agastamento indisfarçável nos seus gestos e timbre de voz.

Todos se voltaram. Era visível que Rangel, mergulhado em funda e visível confusão, não compreendia de pronto, e menos ainda aprovava, aquela esquisita movimentação no ambiente da sua moradia, ademais em hora noturna e avançada; evidentemente não se dava a menor conta da situação real onde nos achávamos, em estado de desprendimento transitório do corpo físico no que lhes dizia respeito. Perturbado, sem dúvidas que julgava-se em estado de vigília, ou como se metido numa situação qualquer de sonho incômodo, incompreensível.

Sem embargo, enquanto pronunciava estas primeiras palavras não conseguia desviar o olhar assustadiço da presença de Alexandre que, de seu lado, ainda postado ao lado da irmã, todavia, compreendia o pasmo inicial daquele que lhe fora cunhado na experiência material finda.

Voltei-me também, bem como Marcus.

Era chegado o momento de envidarmos o plano delineado, de auxílio à compreensão maior daquele pequeno agrupamento familiar, acerca dos dilemas que tanto os inquietavam nos últimos tempos.

## Capítulo XVI

# Assembleia de amor

— Boa noite, senhor Rangel. Estranhas, com razão, a nossa presença em teu lar. — Marcus, entre amigável e tranquilo, foi quem precedeu os demais nas explicações que se faziam imprescindíveis. — Nada temas. Estamos em tarefa de auxílio em prol de dona Estefânia.

Mas a estupefação inicial não se removia das feições do dono da casa.

— Como assim, "em auxílio"? São médicos?! Não me recordo de ter sido consultado na emergência. Dona Estefânia passou por alguma crise, que requisitou sua presença assim, de inopino, sem a minha cientificação?

Perturbava-se e perdia-se na situação peculiar. De jeito nenhum detinha a consciência clara de seu real estado, desprendido da vigília, e, de outro lado, confundia-se entre o susto com a presença de Alexandre, de quem não conseguia desprender os olhos, e o desagrado renitente em seu ânimo na conjuntura familiar difícil na qual se via mergulhado já há tempos. Seu timbre de voz denunciava claramente todo este espectro martirizado de emoções conflitantes.

Viviane adiantou-se também, intentando somar às explicações de Marcus, a quem por antecipação já devotava terna veneração em razão do socorro espontâneo e eficiente prestado à mãe, as suas palavras certamente de peso na influenciação precisa do ânimo do marido.

— Vem, Rangel. Não te espantes de nada; todos ao redor são amigos e vieram mesmo em nosso auxílio. — Sorria agora, dócil. — Não compreendo muito bem, de minha parte, a procedência e a razão primeira da presença destes respeitáveis senhores. Mas é certo que intercedem com a melhor das intenções, e grandes benefícios estão proporcionando ao estado de saúde de mamãe.

— Mas, Alexandre — murmurou Rangel, ainda preso de grande estupor diante do aparente insólito da situação. — Como pode?

Foi a vez de o próprio cunhado adiantar-se, acercando-se, afável.

— Rangel, achamo-nos no âmbito da vida verdadeira. Não parti de fato, como supunha. Em condições especiais como esta, sempre poderemos nos avistar, e dia virá no qual o reencontro se fará definitivo.

— Acompanhe-nos até a sala, meu amigo. Deixemos a senhora entregue ao necessário repouso; ela se acha bem agora — convidou Marcus, num gesto largo, a todos os presentes, enquanto, fraternalmente, passava o braço pelos ombros do agora emudecido e visivelmente apreensivo Laurêncio. — Poderemos palestrar mais à vontade na sala, e as coisas se farão mais claras.

Atendendo ao convite irresistível, dominados pelo forte magnetismo amoroso com que os envolvia o experiente Amparador, a família encaminhou-se ao outro cômodo, onde nos reunimos todos.

— Este — Marcus indicou-me, apresentando — é Caio Fábio. O amigo presente no outro cômodo, em serviço fraterno semelhante ao que envidamos, é Danilo. Somos todos teus afeiçoados, e aqui estamos com propósitos benéficos, de visitação amigável e possível auxílio, naquilo em que pudermos colaborar. E Alexandre aqui se acha presente, como ele mesmo bem pôde explicar há pouco, porque nos situamos todos no momento no âmbito da Vida Maior, que a todos nos espera na hora aprazada após a curta trajetória terrena. É o setor da vida verdadeira, onde se descerra aos nossos olhos deslumbrados a realidade suprema da perenidade da vida humana, ou da eternidade, como muitos a definem.

Fundo assombro visivelmente se assenhoreou de vários dos ali presentes, a exemplo de Almir, Rangel e do próprio Laurêncio. As mulheres, curiosamente, recebiam aquelas palavras reconfortadoras indiciando, quando muito, em suas fisionomias, pacata surpresa.

— Mas... como pudemos nós vir ter aqui? — Laurêncio enfim conseguiu externar seu espanto, também ele sem poder se desviar, preso de profunda emoção, da figura do filho agora deitando-lhe um olhar também entre comovido e compreensivo.

— Durante o período do sono, é comum estes encontros, pai, que, após nosso despertar, costumam ser considerados ou lembrados como um sonho bom.. — Ele mesmo respondeu à dúvida paterna com um tom afetuoso.

Avançou até ele, abraçando-o. Os olhos de Laurêncio banharam-se de lágrimas, e, dominado pela hipnótica emoção do momento, esqueceu-se de tentar entender para viver com profundidade aquele instante indizível.

Correspondeu ao abraço do filho, que alisou-lhe, amoroso, os cabelos encanecidos.

— Oh, Alexandre, tu eras nosso arrimo! Por que nos abandonou?

Desabafava. E nos mantivemos momentaneamente silenciosos, em respeito ao minuto intenso compartilhado entre pai e filho, a cujo enlace terno juntaram-se Flávia e Viviane, em estreito e demorado abraço.

— Jamais, papai... compreenda... jamais os que se amam se abandonam, em nenhum tempo! Não morri, papai; de fato, ninguém morre. A vida continua sempre.

Gastaram um intervalo considerável naquela necessária e tocante troca de impressões, à qual Alexandre abandonou-se com desenvoltura, sob o assentimento de Marcus que, junto comigo, sabia dos efeitos salutares de tal acontecimento nos estados de espírito de todos os envolvidos.

De nossa parte, acercamo-nos do ainda paralisado e confuso Rangel, atraindo-o a diálogo que introduzisse as necessárias providências seguintes.

— O amigo acha-se naturalmente surpreso nesta contingência. Explico-te, Rangel, para que melhor te situes, e sintas que todos contamos, na Vida Maior, com um enorme contingente de afetos conquistados no histórico pregresso de nossa jornada, dispostos, a qualquer tempo, a vir em auxílio e socorro dos que lhes são alvo de amor e amizade, em momentos de grandes crises ou de desorientação nos rumos da jornada na Terra, a fim de instilar-lhes força, encorajamento, ajuda e sugestões para que não esmoreçam e vençam todos os desafios críticos com que se deparem...

— Mas por quê? Por que fariam isso? O que ganham? E que quer dizer com "histórico pregresso"?

Rangel não conseguia ainda se demover da disposição irascível e profundamente viciada nas emoções baixas da irritação e impaciência, nutridas exaustivamente no decorrer dos anos recentes.

— Senta-te, filho — falou Marcus, compreensivo. Ao que o imitei, permitindo-me, afinal, um aparte próprio em socorro do que empreendia, aproveitando-me de sua anuência tácita.

— Tens filhos, Rangel — sorri-lhe.

— Sim... — E, ameaçando confundir-se uma vez mais: — Mas não sei neste momento onde se encontram. Onde estarão? — divagou mais para si, olhando em volta.

Continuei, sem perder a linha do raciocínio e não permitindo que também ele se perdesse naquela ordem desnecessária de considerações.

— Responde com sinceridade: deixarias de amar teus filhos na outra vida, após o teu passamento da Terra para este outro mundo?

A pergunta o despertou com vivacidade daquele alheamento.

— Por certo que não! A pretexto de que me diriges esta pergunta? — retrucou.

Sorri-lhe.

— A pretexto da tua pergunta anterior, Rangel. Questionaste a razão de nos demovermos nestas visitas em auxílio aos entes queridos. Aí está a resposta: assim como não te demoverás do teu amor pelos teus filhos quando afinal estiver definitivamente entre nós, também não nos demovemos do nosso amor pelos que nos acompanharam nas experiências terrenas e que aparentemente, do ponto de vista de quem fica, deixamos para trás.

— Não ganhamos nada em troca, além da indizível alegria de auxiliar nossos irmãos e queridos de tempos incontáveis no passado a superar com sucesso seu aprendizado e seus sofrimentos transitórios, filho! Assim como, é certo, também tu, segundo o que acabas de dizer, prosseguirás amando teus filhos e familiares, e por certo quererá envidar amor e auxílio a eles nos momentos necessários, quando estiver aqui, entre nós.

Marcus concluiu a explicação e pausou. Viu que Rangel agora tinha a atenção fixa em nós ambos, denunciando maior lucidez, como se despertando de um estado de confusão de ideias e de raciocínios que não lhe permitia ficar à vontade com o momento inusitado no qual se via imerso, à sua revelia.

— Mas... — voltou a falar — tendes, vós, filhos ou parentes dentre nós? Não compreendo. Consigo atinar, segundo o que me dizem, com o motivo de Alexandre entre nós neste instante... Mas quem sois vós? Envidam esforços de auxílio e visita a quem vos é estranho?

— Temos em Alexandre um amigo estimado, Rangel. E, em conhecendo, junto com ele, uma parte significativa da sua história familiar, a qual, em condições normais, por enquanto, vós não tendes meios de acessar para compreender melhor os motivos de tudo o que vos incomoda no presente momento, atinando com soluções mais acertadas, viemos com esta finalidade: a de auxiliar-vos no entendimento mais amplo das razões ocultas dos males que vos atingem, a fim de que os transcendais e vivais dias de mais e maior harmonia, bem-vinda a todos... mais que tudo, aos teus pequenos, que também sofrem com as tuas contendas.

— E que parte significativa é esta, de minha própria história familiar, que ignoro? Como poderia ignorar aquilo de mais importante que diz respeito a mim mesmo e aos meus? — insistiu Rangel, desconfiado.

Marcus antecipou-se a mim, desta vez, na resposta, na qual imprimiu intencionalmente grande parcela de ascendência persuasiva na entonação.

— A parte que se refere às vidas físicas anteriores compartilhadas e vividas em comum... É corriqueiro que os de nosso meio familiar mais próximo não se achem em nossa companhia forçosamente, mas sim em função da continuidade e das consequências das vivências anteriores compartilhadas, em outras situações e lugares do mundo, e em outras épocas mais recuadas, em incontáveis vezes.

Pausou, observando nas nuances fisionômicas do outro o modo como recebia aquelas informações.

Todavia, de inclinações predominantemente materialistas, o espírito de Rangel ainda se mostrava tosco para o entendimento preciso desta implicação mais vasta da sua trajetória terrena ao lado dos seus. Gastara toda a sua vida até então imerso em preocupações imediatistas e de ordem transitória, a que fora arrastado pelos dilemas pessoais e crises familiares. Nunca, em nenhum momento, se detivera para ao menos refletir, ou especular, acerca das causas maiores dos dramas vividos por todos na jornada humana; das razões das diferenças de vivências, dos destinos disparatados, dos acontecimentos aparentemente caóticos que arrastam a qualquer tempo as populações a dramas, sucessos ou fracassos que num primeiro exame nos surgem destituídos de justiça ou de fundamento.

Aquela era uma noção nova, ao menos naquele momento de obscurecimento de suas lembranças pregressas e da conscientização devida do que de fato concerne a trajetória do ser humano na sequência numerosa de suas vidas sucessivas na matéria. E por isso confundia-se, e persistia com tenacidade em disposição defensiva que tornava a missão do instrutor das mais delicadas e necessitadas de tato, a fim de que atingíssemos nossos objetivos de auxílio a contento.

— Queiras me desculpar os meus modos talvez que rudes. — Ele persistia no seu estado íntimo de confusão mental. — Mas definitivamente não alcanço a que aludes, não compreendo de todo a razão de vossas presenças inopinadas na minha casa e, para ser bastante sincero, apenas o fato de ter diante de mim a presença de Alexandre e a constatação de que de fato parecem bem-intencionados na vossa visita me impedem de encerrar peremptoriamente esta reunião que não solicitei, no meio da madrugada. — Marcus notou que, extremamente desassossegado, ele ofegava, metido em visível nervosismo originado muito mais em insegurança, cansaço íntimo e temor do que em rancor genuíno. — De fato — e ele não conseguia arredar a visão da figura do cunhado redivivo mais à frente na sala, ainda entretido na reunião comovida com os seus —, toda esta ordem de circunstâncias me empresta a convicção de que tudo o que acontece neste momento não passa de um sonho fantástico. Tento acordar, mas não consigo!

E, efetivamente, quem observasse, num dos quartos situados nos interiores da casa mergulhada em silenciosa obscuridade, o corpo adormecido de Rangel, perceberia que seu sono naquele momento se desenvolvia pleno de desassossego e de um estado de agonia que o fazia murmurar coisas ininteligíveis, retorcendo-se volta e meia no leito.

Após gastar um tempo analisando-lhe aquele quadro delicado de reações e pensamentos desencontrados, Marcus, voltando-se para mim, aconselhou:

— Teremos que realizar um trabalho emergencial de redespertamento parcial da sua memória, Caio — segredou-me, quase em surdina, inclinando-se gentilmente e solicitando, amigável: — Junte-se a Alexandre no desenvolvimento de seu encontro familiar e dê suporte principalmente a Laurêncio. Teremos que envidar em Rangel algo semelhante ao que é realizado nos trabalhos de desobsessão levados a efeito nas casas espíritas terrenas.

Assenti de pronto, sem contestar. E o amigo incansável, acercando-se do cunhado de Alexandre com ascendente afabilidade, convidou-o a uma palestra de caráter mais reservado no pequeno escritório da residência, situado mais à frente, num dos corredores adiante.

# Capítulo XVII

# *Ecos na eternidade*

O pequeno escritório achava-se banhado pela luz suave do plenilúnio dos céus bem acima da moradia, entrevisto pelas janelas abertas de par em par dando passagem às aragens perfumadas da noite.

Ainda mergulhado em fundo aturdimento íntimo, todavia subjugado irresistivelmente pela autoridade profundamente amigável de que Marcus se fazia naturalmente portador, Rangel o acompanhara até aquele recinto de mente vazia, e agora silencioso, em tensa expectativa.

Sentando-se próximos ao frescor salutar das janelas, Marcus enfim dispôs-se a explicar as suas intenções ao isolar, a ambos, momentaneamente na saleta.

— Há coisas, meu amigo, cuja compreensão não advém com facilidade de explicações verbais, pura e simplesmente. Aludimos há pouco às razões pelas quais intercedemos, do Mundo Maior, em favor dos que nos acompanharam alhures, em variadas vezes, em outras oportunidades acontecidas em outras épocas deste mundo, compartilhadas por todos nós. Muito naturalmente, com a memória prejudicada para essas recordações no presente momento, não pudeste entender. Assim, peço a tua colaboração para que te sujeites a uma operação simples, objetivando reavivar parcialmente as tuas lembranças para algumas coisas do teu passado conjunto com os que te cercam hoje como teus familiares, a fim de que melhor compreendas, e também, de agora para diante, melhor te situes diante dos problemas que tens enfrentado com eles no decorrer dos últimos anos.

— Que operação simples? — Rangel admirava-se a cada nova alusão do instrutor sereno que, a isso, todavia, em apenas sorrindo com tranquilidade, levantou-se, aproximando-se sem estender-se em maiores explicações, e encobriu-lhe paternalmente os olhos durante alguns instantes, por breve momento.

— Veremos. Não precisa temer nada. Voltemos os nossos pensamentos e sentimentos a Jesus e ao Poderoso Criador do qual se fez representante inigualável entre nós, rogando nos abençoe com a graça de um melhor entendimento das leis maiores da vida. Assim, recobrarás algumas recordações bem tuas; tu te verás nelas, em cenas das quais de jeito nenhum poderias recordar espontaneamente, na companhia da tua mãe, de Alexandre e de Viviane, dentre outros. Agora, apenas segue a minha orientação: mantém-te sereno e calmo, e aguarda...

Fosse porque o profundo silêncio da noite se fizesse de si oportuno e reconfortador na situação inédita a que era constrangido se submeter, fosse pela aura fortemente apaziguadora do mentor experiente, Rangel seguiu-lhe, dócil, nada obstante temeroso dos resultados, a orientação irresistível.

Olhos fechados, uma calma indelével e indizível torpor lhe paralisaram as reações progressivamente, mergulhando-o como que em salutar estado cataléptico durante o qual, pairando em estado de semiconsciência, imagens foram lhe brotando, vívidas, gradativamente, de algum lugar em seu espírito do qual não poderia precisar as origens.

Viu-se, tomado de grande susto e estranheza, em outras vestes e situações — e sabia, convicto, de que se tratava de si mesmo em alguma outra ocasião e época, embora, de início, não atinasse com a explicação, como se imerso em nítido sonho lúcido —, numa casa simples, dialogando em família com um rapaz pouco mais velho e com uma senhora cujos modos contrariados denunciavam, de imediato, fundo aborrecimento com alguma questão sobre a qual evidentemente não discutiam pela primeira vez.

Rapidamente transportado, de forma integral, para aquela outra absorvente realidade, Rangel aguçou o sentido interno. Tudo, ali, aparecia-lhe surpreendente e espantoso; e agora queria, doloridamente, ouvir.

De fora, conduzindo a operação regressiva com a segurança do médico treinado nos procedimentos adequados a cada paciente em particular, Marcus apenas sorriu de leve, satisfeito da presteza dos efeitos do que empreendia no espírito apesar de tudo maleável de Rangel, e, ainda e sempre, apenas fustigado pelos efeitos críticos de um drama de ordem familiar que se alongava desde aquelas épocas longínquas, agora evocadas das névoas compactas do passado distante a fim de que o paciente daquela hora melhor entendesse, objetivando a sua libertação definitiva de emoções e reações inadequadas que havia muito vinham lhe truncando o avanço íntimo e a pacificação definitiva para com algumas daquelas almas em relação às quais persistiam animosidade e rancores prejudiciais às suas próprias felicidade e harmonização interiores, no contexto atual de sua trajetória.

Destarte, no decorrer daquele intervalo transcendente da realidade mais imediata à qual por ora se prendia, as lembranças o dominavam e arrastavam em turbilhão. Compreendeu de abrupto as razões da altercação em família que em primeiro lugar acessara, girando em torno do seu envolvimento com jovem de família mais bem situada socialmente cujo chefe era justo o patrão irascível de quem dependiam as economias domésticas, em razão de ter sido o finado genitor seu empregado antigo e nem sempre justiçado nas relações trabalhistas. Descobriu, com inigualável susto, tratar-se deste patrão irascível e despótico Nestor, justamente, o atual sr. Laurêncio! E atinou também com a participação involuntária no caso da então imprevidente e imatura Mariana de outrora, experimentando por ela momentaneamente um misto confuso de sentimentos oscilantes entre o amor e a mágoa, ao entender melhor a extensão da sua influência involuntária do passado nos dramas duros que vivenciavam no presente.

Contudo, rude e de grande abrangência era a lição final, para que de uma só vez fosse destilada no espírito grandemente conturbado do Rangel do momento presente. Assim, finda a breve sessão regressiva que, todavia, ao assistido de Marcus aparentou toda uma eternidade de imagens e revelações surpreendentes, como se despertando de um sonho intenso e doloroso, Rangel gastou alguns minutos piscando e mergulhado em franco atordoamento, enquanto Marcus, despercebidamente, apunha-lhe as mãos em trabalho fluídico balsamificante às suas debilitadas condições emocionais, para que em seguida se dispusessem aos comentários e reflexões de arremate ao momento.

Afinal, o prosseguimento das providências aguardava o Amparador junto ao restante da família situada nos outros cômodos, onde, com eles, eu e os demais visitantes do Mundo Maior permanecíamos, em palestra e expectativa.

***

— Compreendeste, enfim, que tudo tem a sua razão de ser, a sua causa primeira, meu amigo?! Sem embargo, em todo tempo, fortes dissensões e antipatias sem causas suficientes que as justifiquem, tanto quanto os casos de empatia gratuita e grandes elos de afeto, e ao contrário do que aparentam, não surgem do nada. Têm sua edificação gradativa e maiores raízes no nosso extenso histórico passado de convivências construídas sobre um incontável repertório de pequenos e grandes episódios de cotidiano de maior ou menor peso na extensão das consequências por nós vividas hoje.

Ambos de pé próximos à janela da saleta refrescada pelos ventos noturnos, em preparando-se para voltar aos que os aguardavam, teciam suas considerações e trocas de impressões finais.

Todavia, o Rangel de agora ainda se achava dominado por confusão, dúvidas e sentimentos impulsivos.

— Louvo a tua intenção ao me conduzir a esta experiência bastante esclarecedora, e de modo proveitoso, quanto às causas do que passo agora no ambiente familiar, senhor Marcus. Todavia, me pergunto da validade integral desta iniciativa no que se refere à minha questão pessoal com Laurêncio. Não te posso assegurar que de agora em diante minha disposição para com ele vá melhorar, depois de recordar todas as infâmias que, sepultadas neste passado espantoso, pelo menos não agravavam meus dissabores nem a minha hostilidade para com este homem orgulhoso que ainda hoje recusa-se a dobrar a cerviz e a reconhecer-se como mero ser humano que, como todos, depende e eventualmente precisa dos demais para sobreviver.

A este comentário eivado da amargura cristalizada desde séculos naquele espírito ainda imaturo e imprevidente para muitas coisas, Marcus limitou-se a esboçar imperceptível sorriso compassivo, para logo depois aludir, com entonação amigável como a de um irmão mais maduro para com o outro perdido em sentimentos deprimentes e em negatividade que àquela altura em nada o auxiliariam na solução das pendências que acabavam por flagelar mais a ele mesmo, por último:

— Então não entendes o mecanismo, o modo como a Providência Divina ensina aos seus filhos assim orgulhosos, como aludes, Rangel? Quem outrora oprimiu, e, sob as vergastas cegas e impiedosas da cólera, te prejudicou e aos teus, e que, agora, é colocado em situação humilhante em que tem duramente experimentada a arrogância pregressa ainda latente em seu íntimo, ao se ver dependente justo da comiseração e da boa vontade daquele rapaz do passado que nada mais foi que, talvez, imprevidente e excessivamente confiante de que o amor de dois jovens prevaleceria sobre a carga inclemente dos preconceitos sociais existentes em todas as épocas, filho?

E, avançando-lhe de encontro, Marcus apôs-lhe sobre os ombros as mãos, entre fraternal e compreensivo:

— Rangel: olha para este que não por acaso voltou na posição paterna daquela que por todos é ainda a filha, tua esposa e irmã querida, como no caso de Alexandre. Vê como todos se reúnem assim, em família, por um propósito maior, que é pacificar, num novo contexto cheio de lições úteis, as diferenças, a fim de que enfim se entenda, da parte de todos, que não há discórdia nem desarmonia capaz de vencer um propósito firme de se viver melhor num contexto de colaboração e de solidariedade, no qual todos solucionam juntos os problemas que os afligem em comum. Trata, pois, o sogro desajustado, e de resto sob o peso ingrato dos efeitos da senilidade, meu amigo, como ao pai necessitado de paciência e de tolerância na sua incapacidade de reconhecer no genro assoberbado de preocupações de ordem prática aquele que, como um filho providencial, surge para suprir suas necessidades de velhice e lhe acolhe a esposa enferma, provendo a fase provecta daquele que, num dia já esquecido, voltou as costas ao teu pai daqueles tempos. Laurêncio angaria hoje, neste contexto, e sem que ainda disso se aperceba, preciosa lição de humildade nesta convivência cotidiana e não mais que comum dentre tantas outras sobre a face da Terra.

E arrematando, diante do silêncio agora mais apaziguado e reflexivo do outro, que o olhava, profundamente magnetizado por aquelas palavras carregadas da sabedoria que só o curso vertiginoso dos milênios a todos nos confere, equanimemente:

— O senhor Nestor, homem outrora poderoso sobre os destinos daqueles que viviam sob a sua custódia financeira, não existe mais, Rangel. Hoje existe o senhor Laurêncio: seu sogro, que não por acaso é constrangido a acompanhar de perto a tua união forçosa com a que outrora também já lhe fora filha, e orgulhosamente recusada para elo matrimonial com o humilde filho de fazendeiro! Vê como, na Sua indefectível Justiça, Deus nos arranja a todos as lições e compensações a propósito, no fim? Desposaste, hoje, assim, a mulher que tanto amavas e à qual disputara a ponto da dissensão definitiva com o teu irmão de antes e cunhado de agora. O pai poderoso daquela época nada pôde para desuni-los então; figura, hoje, de acréscimo, como esposo e esteio emocional da tua mãe de outrora, sob o jugo do ônus da moléstia impiedosa que a flagela e cujas raízes se encontram nos prejuízos emocionais que contribuiu para desencadear, em lançando, naqueles tempos, a tua família na penúria; e o teu irmão e competidor naquela disputa antiga te compareceu nos tempos atuais como cunhado, e, de resto, afeiçoado sincero da que lhe fora, antes do desencarne, apenas a irmãzinha mais nova. Tens, destarte, a família entressonhada e à qual tanto te reportaras neste passado longínquo, enfim concretizada no presente, mas naturalmente vinda a ti com os desafios naturais de toda e qualquer convivência familiar cujas raízes mais profundas se reportam ao passado temporariamente esquecido.

E, pausando, Marcus deitou-lhe o olhar brilhoso, sereno, acalentador, finalizando:

— Que queres mais para te dispores a lutar com firmeza e valor em favor da concórdia e da felicidade a que todos nós ansiamos, no fim das contas, mas cuja conquista sempre nos cobra amadurecimento e superioridade de espírito ante as limitações alheias, meu irmão?

# Capítulo XVIII

# A antiga inimiga

A providência junto à recente família consanguínea terrena de Alexandre reverteu, nos dias posteriores, nos mais reconfortadores resultados, durante a estadia de Flávia e dos seus, no esforço de conciliação nos dilemas desgastantes enfrentados já há tempos pela filha caçula do sr. Laurêncio e de dona Estefânia.

Desta feita, em alcançando melhores resultados nos seus propósitos de pacificação dos ânimos, requisitava-se que Marcus incitasse um Alexandre agora mais confiante a entregar os próximos dias ao sabor das iniciativas da família assim assistida, na verificação da eficiência tanto dos recursos da nossa intervenção recente quanto da capacidade de cada componente daquele grupo familiar para realizar, na prática, a assimilação proveitosa dos novos conceitos despertados na ocasião insuspeitada por eles durante o estado de vigília, da nossa visita e aconselhamento a cada um, durante o seu desligamento noturno, com zelo sincero, particular e fraterno.

Assim, nesse ínterim, convidou-me Marcus a acompanhá-lo, da nossa moradia situada na encantadora cidade das esferas invisíveis, em missão de caráter particular que empreendia paulatinamente, no decorrer gradativo dos acontecimentos e dos dias do calendário terrestre, relacionada ao contexto insuspeitado de seu próprio passado distanciado nos séculos findos, durante tempos em que dividimos agruras e vitórias particulares nas lutas em grande parte inglórias das batalhas travadas pelos legendários exércitos do Império Romano.

— Trata-se de dever sagrado de consciência, diretamente comprometido com o contexto de minha afetividade para com uma irmã que me fora noiva naquele passado já enevoado das nossas recordações, Caio — ele aludia, quando nos preparávamos para deixar Elysium rumo a destinos que para mim, até aquele momento, permaneciam incognoscíveis.

— Em que época mais especificamente? — interessei-me com sinceridade. —Tantos foram os episódios que nos marcaram os destinos naqueles séculos afastados, Marcus, que nem posso supor a que fase de nossos caminhos te referes, mais especificamente, já que mencionas que te acompanhava de perto, neste caso.

O amigo de tantos e tantos evos pregressos consentiu com tranquilidade em discorrer sobre o assunto, sem meios-termos.

— Lembras-te, certamente, com facilidade, do período em que foste o Sálvio Adriano, novamente general das tropas romanas, e eu, um oficial que, como sempre, te acompanhava de perto, nada obstante ainda vítima de certos destemperos para aquele tempo — explicou, até certa medida com algo de jocoso no que a si se referia, soando nítido no modo como se expressava.

Atenuei a ironia com que visivelmente ele censurava a si mesmo quanto àquele particular.

— Ninguém que tenha estado no contexto de época em que vivemos durante aqueles séculos pode alegar-se livre dos destemperos a que aludes, Marcus — argumentei com franqueza.

— É que foram estes destemperos que acabaram por levar ao suicídio alguém que, naquele tempo, fora do teu conhecimento — voltou Marcus, sem pejo.

Cheguei a parar. Durante breve minuto, julguei que ele troçava propositalmente de si. Logo, porém, compreendi que tal hipótese era grotesca e indigna do personagem em questão, que jamais aludiria a algo assim, grave, a pretexto de alguma troça ou leviandade. E durante breve instante a mais me limitei a encará-lo, preso de clara interrogação na fisionomia a que ele logo procurou elucidar, contudo, batendo-me com afabilidade no ombro e concitando-me a prosseguir a seu lado, como se preocupado em não faltar a alguma urgência que lhe requisitava a intervenção.

— Lembras-te de Plotina, Caio?

A garganta contraiu. Lembrei de pronto, fiz apenas que sim, em meneio breve. Plotina fora-lhe noiva naqueles tempos, compromisso este que meu então oficial e amigo pouco mais velho encarara um tanto inadvertidamente, preso e compelido mais por interesses sociais, políticos e financeiros do que propriamente por senso de dever para com uma jovem vitimada pelos impiedosos costumes de uma época na qual era comum o enlace matrimonial servir mais aos propósitos de castas do patriciado do que ao que, nesta conjuntura, era completamente desconsiderado para definir os destinos de almas e de corações: os sentimentos.

— Por certo que sim. Mas... não pode ser o que me ocorre, Marcus — vacilei, sem querer arriscar mais apartes talvez que precipitados.

Mas Marcus apenas fez que não, com humilde naturalidade, e plenamente cônscio para com conquistas e débitos que lhe compunham o mosaico de sua trajetória espiritual particular.

— Não. Intuis corretamente. Aquele episódio aparentemente despojado de maior importância, acontecido no decorrer fatal daquela festividade longínqua de noivado do teu então irmão, na tua residência, semanas depois contou com desfecho funesto e duro ao meu orgulho e sentimentos: a traída Plotina, em entrando no conhecimento da sordidez das minhas atitudes naquele final de festa, assediando a tua criada doméstica, a então indefesa e infeliz Ahdila[1],

1 Episódio narrado em obra anteriormente publicada pela Lúmen Editorial, *Sob o Poder da Águia*, que conta as peripécias do autor espiritual e de seu amigo próximo, o então Cláudio Celso, no decorrer de uma de suas reencarnações na antiguidade romana. (N. da M.)

abandonou-se a lastimável lassidão de alma que acabou por corroer-lhe fatalmente o viço e a saúde, em curtíssimo intervalo de tempo. E, em não aguentando as vergastadas impiedosas do sofrimento, já que me estimava com sinceridade, deu fim de modo voluntário à vida, na flor da idade, aos seus poucos dezessete anos.

E, como não obtivesse de minha parte reação ou comentários num primeiro momento em que me vi absolutamente destituído de iniciativas ou palavras adequadas, o lúcido Marcus procurou ser sucinto nas explicações, intentando que meu próprio testemunho do que nos aguardava elucidasse melhor a situação do que o esforço de se definir verbalmente um quadro de causas e consequências que se evidenciariam por si nas suas implicações de passado e de presente, a mim, que o ladeara na nascente daqueles episódios de tantos séculos antes.

— Mesmo após o decorrer de todos estes séculos de calendário terreno, Plotina não conseguiu se desvencilhar das amarras do ódio. De resto, também contra uma afeiçoada nossa, que em muito nos tem auxiliado no episódio em curso. Entretanto, a finalidade maior é reacender nesta alma amargurada o lume balsamificante do perdão, a fim de que, reencontrando-se no potencial ilimitado de amor que em todos os seres reside em estado mais ou menos desperto, liberte-se de um passado sombrio que a todos nós encadeia, ainda hoje, nos frutos amargos das consequências de nossas iniciativas mal refletidas.

Ainda quedo em admiração mal disfarçada, em vendo-me forçado a resgatar das lembranças daquele passado recuado e já obscuro minúcias emaranhadas num sem-número de acontecimentos menores e, na época, julgados como destituídos de maior importância, foi com dificuldades que rememorei os lances conturbados acontecidos em um final de festa celebrada, naquele tempo, na minha então suntuosa residência em Roma, em vida na qual, ambos militares das altas patentes dos exércitos do Imperador, desfiamos os fatos incontáveis do cotidiano agitado, usufruindo da pujança da liberalidade sem freios e dos desregramentos comuns a uma sociedade orientada pelos contrastes extremos existentes entre os avanços culturais diretores do grandioso Império ocidental da época e um estado crasso e deprimente de total degeneração de valores e de costumes.

— Tu te referes a Ahdila? À nossa Tarsila, de Elysium?

A pergunta era desnecessária e, com ela, apenas ganhara em tempo para melhor assimilar e organizar as novidades nos pensamentos, andando à roda na mente perplexa. Eu já sabia a resposta.

E, de fato, Marcus novamente aquiesceu com naturalidade.

— Plotina endereça-nos, a ambos, a culpa maior dos seus dissabores. Vimos, durante este tempo, buscando resgatá-la do torvelinho espiritual sombrio no qual se vê mergulhada, em regiões sombrias das esferas astrais terrenas; tentamos alcançar-lhe o perdão e o entendimento para com as nossas limitações de outrora, que possam ter contribuído para a sua queda no abandono de si mesma às emoções obscuras do ódio e do ressentimento. Tudo em vão. De modo que os nossos orientadores maiores já cogitam que, provavelmente, apenas pelas vias eficientes da reencarnação consigamos resgatar das malhas da desorientação íntima esta irmã querida, a pulso de muito amor e renúncia, por intermédio dos recursos que só a experiência corpórea, com o seu período de repouso espiritual através da amnésia temporária do passado escabroso, envida suscitar a tais urgências de renovação de rumos, a todos beneficiando no processo.

— Mas... em quais condições isto se verificaria?

Marcus dirigiu-me o olhar pleno de certeza e da mais absoluta confiança nos mecanismos eternos da Providência para com todos os seres em marcha ascendente ao infinito.

— Eu e Tarsila retornaríamos em experiência conjugal bem-sucedida, que, aliás, resgataria, para com a nossa querida amiga comum, meus débitos relacionados aos erros de julgamento perpetrados num passado no qual a lancei em rudes dilemas e injustos sofrimentos, em tendo visto depreciados e malogrados os seus melhores propósitos e sentimentos para com o oficial pretoriano altaneiro e orgulhoso que, orientado por razões mesquinhas e equivocadas, profundamente enraizadas em preconceitos sociais e de patriciado, zombou das emoções puras e verdadeiras do coração da jovem humilde e digna, usufruindo-as e descartando-as em seguida, despoticamente.

O todo da novidade ainda agora roubava-me quase em absoluto comentários e condições para ponderar com justeza. Aludi, entre inseguro e surpreso, ao possível arremate da situação que o amigo sincero do vasto passado de aprendizado compartilhado me oferecia à apreciação assim, desnudado de vaidades, e com tanta simplicidade.

— E Plotina seria recebida...

— ... como a filhinha consanguínea querida, em prol de quem envidaríamos, juntos, os melhores esforços para reacender-lhe no espírito as emoções renovadas das esperanças, da compreensão e do perdão, da fé e do amor, para bem viver.

***

Deixávamos aos poucos as faixas astrais adjacentes à Terra e às esferas superiores de habitação espiritual humana vizinhas de Elysium para nos acercarmos de regiões do astral mais semelhantes às extensas áreas de carência habitacional da materialidade.

Das periferias desertas e poeirentas, calcinadas pelo calor sufocante de um tipo de claridade solar atípica e baça, como se adentrássemos habitações precariamente beneficiadas pela luz elétrica, ganhamos as cercanias do que poderia ser definido como um povoado ou colônia provisória. Esparsamente habitado, divisávamos alguns agrupamentos pouco numerosos de pessoas aparentemente desprovidas de objetivos ou de motivação no seu modo aleatório de vagar de um lado para outro, aos pares, ou solitárias, algumas palestrando em murmúrios cavos sobre assuntos que obviamente lhes consumiam ou abatiam os ânimos, como se se vissem recentemente vitimadas por algum desastre coletivo ou por graves infortúnios de ordem individual.

O mal-estar provocado pelo ambiente se fazia tão flagrante que meu parceiro, de imediato se apercebendo de meu indisfarçável desconforto íntimo, apressou-se em instruir:

— Caio, achamo-nos em faixa do astral particularmente prejudicada pelas emissões mentais dos seus habitantes temporários. Concentra-te comigo nos nossos propósitos; os teus, evidentemente, são os de aprendizado útil ao teu currículo, como candidato a Amparador. Os meus são de visita periódica à irmã em questão, ainda presa a estes ermos por invigilância para com as oportunidades de felicidade que certamente a aguardarão, assim que se veja mais liberta da morbidez do seu estado íntimo.

Assenti, sem apartes, e cuidei de pronto de sanear meus pensamentos, concentrando-me de maneira apropriada, como ele me instruía, na manutenção positiva do meu próprio padrão íntimo, procurando não me deixar sugestionar pelo aspecto sombrio e deprimente dominante em todo derredor da tristonha paragem que nos cercava, em extensões a perder de vista.

Silenciando, mantivemos a passada firme em direção bem definida, enquanto fazia por onde ignorar os olhares hostis que nos lançavam passantes próximos e alguns seres infelizes, de aspecto decrépito, que espreitavam das soleiras de habitações nas quais a tônica dominante, tanto no ambiente quanto no aspecto, era uma decadência estética e atmosfera depressiva flagrantes.

Numa esquina esfumaçada mais adiante, como se esbatida em névoas pungentes de algum incêndio recente, julguei divisar, sentada numa cadeira tosca de madeira postada num puxado obscuro de moradia modesta com paredes em tons cinzentos, uma mulher aparentemente jovem, recostada frouxamente na estaca precária da porteira que dava entrada para pequeno terraço onde se viam, aqui e ali, algumas plantas sem viço, cujas folhas pendiam melancolicamente para o chão de terra esbatida.

Diminuindo o passo, a um gesto discreto de Marcus, pareceu-nos que conversava consigo mesma algum assunto lamurioso, como se dirigindo queixas a ninguém em particular.

— Oh, deuses, onde foram parar os outros? Há tempos os chamo, para que me ajudem a sair deste lugar impossível.

Notamos que, neste ponto, elevou o olhar um tanto perdido para o horizonte pouco convidativo dos arredores, para os indivíduos distantes caminhando em passadas displicentes pelo calçamento malcuidado e irregular de algumas avenidas que, por ali, se entrecruzavam.

— Foi nisso que, com o tempo, se tornou Roma? E por que haveria eu de permanecer presa aqui, abandonada de todos, desde que despertei daquele sono doente e malsão que há tanto tempo me vitimou? — refletia, toda amargurada. — Os deuses, definitivamente, me amaldiçoaram. E nada posso contra o efeito da sua cólera, de vez que nem de um altar decente disponho, ou de recursos para efetuar o sacrifício.

E, a esta conclusão derrotista, pendeu novamente a fronte, emaranhada em renovada ordem de pensamentos tristes e desorientados.

— Mas quem te disse que deves permanecer presa neste local, Plotina, e que algum deus te amaldiçoou? Basta que te mostres disposta a renovar os teus rumos, e amigos te atenderão de pronto aos propósitos. — Foi neste ponto que Marcus, em se lhe acercando afavelmente, intercedeu no curso daqueles pensamentos conflituosos.

Nada obstante, de meu lado observava que realizava o tentame no nível estrito de sua faixa mental, já que não guardava a certeza de se fazer ouvido e percebido, desta feita.

Plotina, contudo, empertigou-se, intrigada, como se atendendo de inopino a algum chamado inesperado.

— Hem? Há alguém aqui? Quem me disse isto?

E punha-se de pé, presa de aflição e desconfiança, enquanto Marcus, a isso, e de seu lado, modificava levemente sua postura interna e externa.

— Quem está aí? Muito escuro a esta hora... Não consigo reconhecê-lo.

A moça adiantou-se uns passos cautelosamente no terraço, no extremo do qual nos achávamos.

— Já estive aqui antes, Plotina. Não te recordas? Vim atender, a pedido de amigos, aos teus rogos; conversar contigo sobre as possibilidades maravilhosas que te aguardam se te dispuseres a nos acompanhar, renovando os teus propósitos. Por que insistes na infelicidade que te prende aqui, quando apenas de ti mesma depende uma vida nova, cheia de surpresas boas e insuspeitadas?

Houve um momento de silêncio. De nossa parte, notamos na moça um estado de agonia franca, denunciando-se na respiração opressa, sibilante.

— Tua voz não me é desconhecida! Mas, se não me engano nas minhas suspeitas, tu és o último que me estenderia as mãos neste instante. Tu nada nutriste a meu respeito em nenhuma época, e, quando mais de ti necessitava, e de tuas palavras de conforto, mais me faltaste! Se és quem penso que seja, como podes agora vir aqui, falar-me de uma vida nova e de surpresas boas e insuspeitadas? Somente aos deuses cabe a renovação dos dias dos homens e a libertação de todas as dores. — Recuou alguns passos, nesta altura, confusa, perturbada, aflita, à beira do pranto compulsivo. — És tu, Cláudio Celso? Tu, que me arruinaste a vida ainda na flor da idade, destruindo todos os meus melhores sonhos de felicidade; tu, que me compareces aqui falando de renovação de rumos e de felicidade? Com que autoridade moral o farias? — desabafou, quedando-se novamente no assento onde até há pouco estivera.

— Com nenhuma autoridade senão a de quem reconhece a extensão passada dos próprios enganos, disposto a fazer por onde saná-los junto a quem por eles se viu prejudicada, minha querida irmã. Apenas desta vez ainda, rogo-te: creia no que te asseguro; necessito do teu perdão, e de que consintas em permitir-me conduzir-te para lugares onde a felicidade certamente te estará assegurada, se te vires disposta a desprender-te do teu rancor e desejo intenso de vindita, Plotina, pois é unicamente isto que a acorrenta a este lugar ingrato, escuro e indigno de ti. Nós permanecemos sempre onde residem o nosso coração e os nossos pensamentos, querida, e os teus, nos últimos tempos, foram assenhoreados por emoções nefastas, sombrias, que te situam inevitavelmente nesta moradia condizente com a tristeza profunda do teu estado íntimo.

— E que fazes, pois, tu num lugar melhor? Os deuses são injustos, e não existe razão para que me fie nas promessas proferidas por ti! Justo por quem me atirou neste torvelinho de desespero, despojando-me do tino do que seja ânimo, esperanças, tudo! Se há um norte para mim, Cláudio, não há de ser indicado por ti! — A moça o cortou rispidamente, quase em desespero, rebentando em soluços, reerguendo-se, irascível, do assento frágil onde se recolhera até momentos antes.

— Escolhemos os nossos destinos, minha querida irmã — Marcus ainda replicou, transparecendo a sinceridade profunda de que suas palavras se revestiam, de mistura com a tristeza e a preocupação francas que experimentava pela sorte da jovem, há tantos séculos subjugada pela trama emotiva negativa e difícil de destrinçar, urdida pelos episódios longínquos de um passado no qual nos víamos todos ainda enceguecidos pela ignorância das leis maiores do amor, regentes da vida. — O teu — prosseguiu em tom carinhoso — será refeito apenas que assim o consintas. Independe de ninguém mais que de ti. Escolhi a renovação dos meus caminhos, a fim de bem aprender que a felicidade só é possível quando a compartilhamos com todos que nos acompanham na jornada, que é infinita. Mas a renovação dos meus caminhos só se fará completa a mãos atadas com a tua; não há como se dar de forma diferente. Vem, portanto, Plotina!

— Pois se é como dizes, e a renovação completa dos teus rumos depende de algo que parta de mim, retorna para o lugar de onde vieste. Não consentirei esta renovação plena a ti, Cláudio. Não enquanto não sofreres o suficiente pelo que até agora padeço por tua culpa.

Marcus trocou comigo um olhar profundamente lúcido, no qual se liam pesar e, todavia, grande sabedoria misturados. Incitou-me com um leve gesto a acompanhá-lo. Ainda não fora o momento de atingir seus mais ansiados intentos para com a infeliz noiva das etapas materiais de outrora.

— Vamos, Caio. Respeitemos as disposições da nossa irmã. Não duvido nem por um instante que conquistará, no momento aprazado, a devida transformação íntima que lhe permita ser feliz como jamais, anteriormente, sonhara.

# Capítulo XIX

# Considerações sobre o suicídio

Retornávamos ao ambiente reconfortante de Elysium mergulhados, ambos, em profundas reflexões, após trocarmos ideias elucidativas a respeito dos acontecimentos vivenciados na região sofrível situada nas faixas inferiores do astral circundante da Terra.

Contudo, reparava que o estimado amigo mantinha a resignada serenidade do costume. Em adentrando os limites da grata estância da vida invisível, avisou-me logo, gesticulando com amabilidade, na intenção de me antecipar os próximos passos para o caso de desobrigar-me, caso me visse preso a compromissos de outra ordem.

— Preciso visitar Tarsila a fim de dar-lhe conta dos episódios que presenciou na minha companhia há pouco, Fábio. Não precisas vir comigo se algum compromisso te prende à tua assistida particular na materialidade. A família de Alexandre, de outra feita, acha-se bem amparada por ele e mais dois companheiros de Recanto das Águas, na assistência continuada que lhes dispensa; quanto ao meu destino, é que eu e Tarsila dividimos, juntos, sucessos, interesses e responsabilidades na questão relacionada a Plotina, a que te foi dado presenciar.

Todavia, anuí em, ainda agora, acompanhá-lo na visita em perspectiva; também por razões profundamente pessoais, interessava-me apoiá-los e, ao mesmo tempo, extrair lições úteis ao andamento de meu próprio repertório de experiências preparatórias a um melhor desempenho como Amparador.

— Não — devolvi disposto. — Se não te constrange a minha presença neste caso, Marcus, apreciaria fazer-te companhia na visita à Tarsila e auxiliar-vos na medida das minhas possibilidades. Afinal — aludi, bem-humorado em grande medida, dominado por recordações metade gratas, metade graves —, eu vos acompanhei de bem perto na época em que se originou todo o curso atual das vossas preocupações. E... — lancei-lhe um olhar que ele encarou de pronto, atento, por perceber nele talvez um brilho a mais com importante significação que aparentou captar de imediato.

— Sim... Diga, Caio! — instigou com um sorriso encorajador, de quem de antemão entendia e antecipava meus pruridos e intenções mais íntimas. — Penso adivinhar o que te ocorre; e afirmo que também me é grato acompanhar-te na evolução do teu aprendizado e te proporcionar o máximo possível de auxílio e esclarecimentos, também a partir das minhas vivências pessoais.

Assenti, mais à vontade, ao ver que, como sempre, ele radiografava minhas inquietações mais íntimas.

— É isto mesmo. Tu, melhor do que ninguém, sabes que há algum tempo vivi um paralelo destes teus desafios no meu caso ainda em curso, dizendo respeito a Lucilla. Só que minha abordagem para com ela, no intento de ajudá-la, foi não mais que amparada e totalmente instruída por Marcílio e por outros de Elysium naquele tempo, já que me orientava somente a face passional e emotiva das minhas iniciativas. Não agi junto a Lucilla norteado por nenhum método ou cautela originados em experiência neste tipo de situação delicada, especialíssima. Somente o amor me guiava na necessidade de ajudá-la a deixar aquele local deplorável das esferas astrais terrenas, o mais rápido que me fosse possível.

— Ainda assim — Marcus considerou com bonomia —, foste bem-sucedido nos teus esforços, e nobilíssima se mostrou a tua mais completa abnegação em favor da nossa estimada irmã.

Meneei, metido em certo desconcerto.

— É por isto que gostaria de compartilhar teu próximo encontro com Tarsila, a fim de enriquecer meu entendimento, ainda desta vez, sobre este problema melindroso que agora presencio acontecendo sob outras circunstâncias, e te dizendo respeito mais diretamente. Seria útil apreender um pouco mais acerca de acertos e enganos meus, mesmo que involuntários, naquele tentame já distanciado no tempo.

O amigo de tantos séculos consentiu com franco prazer. E avançamos a passeio pelas ruas arborizadas e floridas da cidade espiritual, em agradável palestra, observando ao mesmo tempo a movimentação intensa e constante dos habitantes e visitantes da cidade naquele período diuturno: amigos recém-chegados do orbe material em palestra alegre e emocionada com familiares empenhados na sua acolhida e recepção; muitos outros envolvidos nas atividades gratas que lhes cabiam na manutenção e cuidados de casas, estabelecimentos e avenidas; outros tantos em lazer nos parques bem cuidados, repletos de canteiros, chafarizes e lagos, belos, límpidos e sinuosos; crianças correndo em alvoroço pelos jardins das residências, veículos volitantes em movimento intenso de um lado para o outro. Expressão exuberante de vida, enfim, em versão infinitamente mais depurada em relação aos padrões materiais da Terra.

Paramos diante de moradia singela e graciosa, diante da qual se evidenciava a visão reconfortante de jardins cuidadosamente tratados que margeavam tanques caprichosos, onde nadavam diversificadas qualidades de peixes miúdos.

Avançando pela passagem sinuosa emoldurada por pedras de formato polido, alcançamos a porta, onde Marcus fez anunciar nossa presença acionando diminuta campainha, que emitiu notas breves e musicais para o interior da residência.

— Tarsila já me aguarda. Estava avisada do importante compromisso de hoje, e deve se achar ansiosa pelas novidades. Em ocasiões oportunas e previamente acertadas com os nossos orientadores, costuma me acompanhar nas visitas a Plotina.

Meneei apenas, em resposta e expectativa para rever a afeiçoada atual de Marcus e, ao mesmo tempo, grande amiga de Lucilla[1], dos mesmos tempos nos quais dividimos dramas importantes e vivências nos cenários milenares da antiguidade romana.

A recepção gentil não se fez esperar.

Sempre risonha e amigável, Tarsila nos recebeu na casa com as habituais demonstrações de estima e cordialidade, convidando-nos a entrar para dividir momentos de palestra agradável e produtiva.

Observei o modo amorável como ela e Marcus se cumprimentaram, trocando discreto beijo nos lábios e abraço afetuoso. Depois, ele gesticulou com satisfação, aludindo à minha presença naquela oportunidade.

— O incansável Caio quis estar conosco; ainda desta vez pretende, em nos apoiando nos esforços que nos dizem respeito, somando o encargo às suas já multiplicadas tarefas, aprimorar-se por intermédio da satisfação no auxílio aos amigos, favorecendo seu entendimento para o que também já enfrentou no passado em experiências semelhantes junto à nossa querida Lucilla.

Tarsila entendeu de pronto o sentido da alusão.

— Oh, sim... É um prazer renovado, bem o sabes, Caio, que te juntes a nós nesta missão de resgate de uma irmã a quem muito devemos.

— Tu, não, querida — Marcus apressou-se a retificar a menção bondosa da moça que, emocionada, todavia, escutou-lhe, respeitosa, as considerações. — Arrepanhaste, por afeto a mim, e de acréscimo para ti, um encargo a mais também, assumindo dívidas para com Plotina que apenas a mim são devidas, já que foste, antes, vítima das

1 Em *Elysium, uma História de Amor entre Almas Gêmeas*, publicado pela Lúmen Editorial, é mais bem detalhado o vínculo pregresso entre esta personagem e o autor espiritual, bem como para com a personagem Lucilla, por ele assistida na vida corpórea em variadas oportunidades. (N. da M.)

circunstâncias adversas daquele período, todas desencadeadas pela minha invigilância e soberba de espírito.

— Não, Marcus. Todos participamos de alguma forma dos acontecimentos; talvez que eu também, por imaturidade ou imprudência, tenha me equivocado de algum modo, não sabendo me posicionar naquela situação inaudita como se devia. — E, fazendo a nós dois um gesto convidativo: — Mas nos acomodemos para as considerações. Que notícias me trazes da nossa Plotina, Marcus? Conseguiste algo no sentido de incitá-la a assumir rumos mais gratos para o seu destino?

Atendendo-lhe ao convite e ganhando o ambiente agradável da saleta graciosamente arrumada, ao gosto da moradora da bela residência da cidade das esferas espirituais, Marcus respondeu-lhe à pergunta interessada com exata analogia.

— Tarsila, determinados estados mentais e emocionais que se nos assenhoram irresistivelmente, em razão da nossa proverbial invigilância para com as leis de sintonia da vida, funcionam contra nós mesmos, criando ao nosso redor algo como uma atmosfera baça, depressiva e impenetrável, que nos rouba, mesmo que temporariamente, a capacidade de vislumbrar, às vezes apenas mais adiante, as claridades dos caminhos mais belos, mais gratificantes, a nos aguardar o passo decidido somente mais alguns metros à frente. É o que temos em relação à situação de Plotina neste instante, no qual ela ainda se vê tenazmente afeita a amarguras, ressentimentos e ímpetos de revanche, que remontam a sucessos, para nós, quase que apagados pela distância das névoas dos tempos.

Acomodando-se próxima a nós, Tarsila não escondeu seu sincero pesar pelo que ouvia.

— Oh, Marcus! Tuas melhores intenções junto a Plotina, portanto, persistem em vão.

Marcus fez que sim, todavia, sem nenhuma nota de inconformação ou inquietude.

— É o ceitil que me cabe contemplar e, a partir do que, oferecer o melhor dos meus esforços para a solução a contento de uma contingência ingrata para a qual contribuí, neste passado afastado, em grande medida.

Neste ponto, acrescentei algumas impressões sobre o que pude presenciar havia pouco:

— São peculiares as características do lugar onde Plotina se situa.

— O que te pareceu peculiar, provavelmente, Fábio, foi a semelhança de contornos que guarda aquela região com outras, há muito nossas conhecidas. A moradia tosca, aparentemente calcinada, à qual ela se prende, é justamente a réplica prejudicada da sua outrora residência em Roma, na qual se deu o desfecho trágico da sua curta existência naqueles tempos.

Quedei-me em admirado reconhecimento, por breve instante. E Marcus, em notando, fez por onde reavivar ainda mais as minhas reminiscências:

— Não te lembras? Incursionávamos muitas vezes naquela região, quando enviados em missão junto às autoridades de províncias romanas alcançadas por aqueles caminhos da saída de Roma, próximos a atual Via Ápia.

— É, pois, a caricatura tosca das cercanias familiares à Plotina, criadas por projeção naquela estação extensa do umbral terreno pelas condições lastimáveis dos que, advindos de regiões adjacentes da materialidade romana, por ali estacionam, escravizados por pensamentos, recordações e atitudes mórbidas — observei, ante a aquiescência muito embora melancólica de Marcus, talvez por perpassar-lhe às lembranças, fugidiamente, lances dolorosos dos episódios vivenciados ali junto à personagem em questão.

— É imperativo que Plotina transcenda em si mesma as energias emocionais deprimentes às quais conscientemente se abandona já há um sem-contar de tempo no calendário humano, a fim de não prolongar mais um sofrimento que, a bem da verdade, já poderia estar transcendido. Há muito um novo estágio iniciou-se para ela neste sentido, Caio, porque os efeitos letais mais pesados, do ponto de vista espiritual, que a flagelaram por longo período após o suicídio, faz tempo cederam, deixando lugar, para ela, a uma renovação voluntária — caso se dispusesse a atender ao apelo dos amigos que periodicamente a têm visitado de tempos em tempos, concitando-a a uma nova etapa de experiências e aprendizado —, ou à permanência nas regiões baixas das faixas vibratórias mais sombrias ao redor do orbe, onde se demoram todos aqueles que se deixam seduzir pelos apelos emocionais degradantes dos ódios, mágoas, agressividade ou ressentimentos.

E Marcus prosseguiu:

— É o que complica o caso de Plotina, Fábio. Porque para ela, neste momento, é questão quase exclusiva de escolha. Como vimos tentando elucidá-la, ela mesma vem sendo a responsável pelas condições infelizes nas quais permanece. — Meneou alusivamente. — E, se a nós cabe tentativa de auxílio, sem nos prendermos a lamentações improdutivas, resta-nos a esperança de que tudo nesta vida funciona como aprendizado e burilamento, no fim das contas. Plotina haverá de enfim deixar a condição ingrata atual tendo adquirido muito em termos de bagagem evolutiva.

Compartilhei do que ponderava a respeito.

— Deves te recordar com clareza, Marcus, de que somente logrei retirar Lucilla de situação semelhante quando, passada a crise aguda e grave imediatamente posterior ao seu ato de tresloucamento ao atentar contra a própria vida no auge do desespero, e depois de largo intervalo, ela reconquistou os benefícios da lucidez, da devida noção de realidade e recuperação gradativa do estado pleno de sua consciência. Só após isto ouvia-me com maior facilidade, podendo acompanhar-me o fio das propostas de refazimento do destino que insistentemente procurava lhe instilar ao espírito doente, durante todo aquele período que, no calendário terrestre, arrastou-se por mais de trinta anos.

Tanto Marcus quanto Tarsila recordavam-se bem daquele período difícil, imediatamente posterior à nossa reencarnação em Roma, sob o reinado de Júlio César, quando, por intrigas familiares de rapacidade originadas em dificuldades financeiras de um apaniguado daquele primeiro Imperador, vi-me despoticamente distanciado da minha noiva, a então Lucilla, jovem demais para, da mesma forma, suportar o duro golpe desferido contra o envolvimento amoroso ao qual já se abandonava de corpo e alma, determinado pelo amor profundo que nos votávamos.

Assim como Plotina, pois, e por razões semelhantes, dera fim à vida incipiente, lançando-me, quando por minha vez já me via desencarnado, em idêntico estado de desespero, próximo ao desvairamento, ao ver malogradas todas as minhas tentativas, a partir do invisível, para sustar-lhe a tempo o ato desatinado que, e de resto, lançou à orfandade, e à mercê do meu então assassino, o nosso unigênito, fruto do amor sincero compartilhado durante o curtíssimo período de envolvimento que compartilhamos naqueles cenários e épocas longínquas[2].

Soubessem de antemão os seres humanos em situação de reencarnados o intenso martirológico reservado como consequência natural a tal atitude fundamentada sobretudo na profunda ilusão do que constitui a finalidade da vida material terrena, bem como o sentido da existência humana como um todo, e ninguém, jamais, apelaria para o que, em último caso, de modo algum comparece a quem quer que seja como solução ou fuga a contento dos problemas e sofrimentos flageladores dos homens a qualquer tempo, por mais desesperadores aparentem no minuto do ato supremo de ensandecimento. Porque, caros — *e que jamais haja quanto a este fato a menor sombra de dúvida!* —, não se extingue o inextinguível! Se o Gerador Supremo do hálito vital em toda a vastidão do universo não descarta de Si nem mesmo a menor de suas manifestações vitais, doando, à mais singela expressão de vida na intimidade ignota da vida microscópica tanto quanto à mais portentosa entidade em trajeto ascenso de aperfeiçoamento, a

2 Episódio narrado em *O Pretoriano*, obra anterior, da mesma autoria espiritual. (N. da M.)

chance renovada de refazimento e repavimentação do próprio destino a cada hora, quão tola a arrogância humana ao pressupor caber-lhe o poder de determinação de um fim, em verdade inexistente.

Pois que se tudo apenas se transforma inexoravelmente, em ritmo perfeito e ininterrupto, e à revelia da nossa conscientização plena das leis que nos regem os movimentos em todas as dimensões da vida, nada mais faremos, leitores amigos, que tão só determinar, em restrito âmbito de alcance, o cenário seguinte no qual prosseguiremos na monumental luta pelo próprio aprimoramento e pela melhoria da nossa compreensão dos mecanismos sagrados que nos encaminham, a despeito mesmo de nossa imaturidade espiritual, na direção certa da felicidade.

Assim como, portanto, durante o estágio de vida corpórea, nos decidimos, a cada gesto, a cada pensamento ou atitude bem ou mal refletida, pela continuidade do nosso caminho em tais ou quais companhias; em tais ou quais atitudes ou nestes ou naqueles lugares, ao sabor do que nos oferecem as malhas da lei de causa e efeito na expressão das situações cotidianas, do mesmo modo, inevitavelmente, no gesto tresloucado do suicídio, estaremos trocando apenas, e *voluntariamente*, de dimensões: esta, a que nos consome ou confunde com seus férteis desafios, por outra, que haverá de nos magnetizar, impreterivelmente, em função de exata sintonia para com a predominância dos nossos padrões energéticos espirituais deprimentes, no momento extremo de se pretender subtrair de si o que nem o Criador da Vida jamais extingue do cerne incomensurável da eternidade, presente em nós mesmos, como em tudo e em todos os que nos rodeiam, da mais longínqua estrela ao universo ínfimo, quase insuspeitado, de um fóton!

## Capítulo XX

# O segredo é a escolha

A palestra na residência de Tarsila prosseguia, edificante.

— A diferença do teu caso para o meu, Caio — Marcus considerava, recebendo das mãos de Tarsila um copo que continha apreciado suco nutritivo das mais altas esferas —, é que, no intuito de lograr concitar Plotina ao vislumbramento de novos horizontes e à aceitação de que apenas um reposicionamento íntimo a situará diante de objetivos concretos de felicidade, preciso obter dela também o perdão para com as minhas faltas do pretérito, substituindo, desta feita, o rancor para com o teor do meu passado no enredo de sua vida pela boa vontade com que reconheça, ao menos, a sinceridade fraterna com que venho buscando resgatar-lhe a afetividade a meu favor. Esta dificuldade não te turvou os planos, naquele teu período mais difícil, pois que já contavas com o elo profundo de corações que te une a Lucilla até hoje.

— De fato, aparentemente é a lição mais difícil para todos nós, no percurso de nossas jornadas evolutivas, em tendo que se aprender a lidar com as diferenças de matizes mais ou menos acentuados entre nós e o nosso próximo, e relacionados às nossas próprias idiossincrasias — ponderei. — É estranho que apenas depois de duras vivências e dolorosos sofrimentos compreendamos que tudo se resume às consequências matemáticas das nossas escolhas: se destilamos negatividade na vida, que poderemos recolher de retorno? Ora, ninguém se apercebe de que a não aceitação das escolhas alheias, por mais nos doam ou atinjam desta ou daquela forma, é o que em primeiro lugar desencadeia todos os nossos infortúnios; e o que os alimenta, de resto, é reagir a elas negativamente. De fato, ninguém será feliz pagando indiferença, hostilidade ou desafeto com rancor, inconformação ou cólera, e é bem isto que agrava todo o peso dos dissabores ainda reinantes na Terra: dos dramas individuais mais obscuros aos males de coexistência que atiram, até hoje, nações umas contra as outras.

— Apego, Caio... — Tarsila intercedeu seu parecer, neste ponto, no modo sereno e gracioso que lhe era próprio. — Apego e possessividade endurecidos, a pessoas, situações, julgamentos, opiniões e pareceres. É isto que nos enrijece a alma, bloqueando-nos inúmeras vezes o acesso à felicidade, em função da cegueira dos nossos personalismos e impulsos passionais!

Ouvindo isto, por alguma razão oclusiva limitei-me a sorrir, reflexivo, durante alguns instantes.

Marcus prosseguia recostado no assento, sorvendo, pensativo, a sua bebida, e, fitando-me com profunda simpatia, Tarsila ousou um questionamento a mais, nascido, sobretudo, da amizade sincera e secular que a nós, ali reunidos, nos jungia.

— A lição do amor incondicional, e afeito mais às concessões do que às exigências, há de ser a mais difícil para todos nós, em marcha evolutiva para situações e condições espirituais melhores e mais felizes. O nosso caso junto à querida Plotina é excelente demonstrativo. Como te comparecem, neste sentido, os progressos atuais junto à tua querida assistida e minha amiga?

Referia-se à Lucilla, e, oportunamente, a mencionava no assunto em baila. Não seria àqueles amigos autênticos do Mundo Maior, de resto, que usaria de subterfúgios ou mentiria a respeito.

— Vimos trabalhando justamente esta faceta que mencionas, em nós mesmos, e no meu caso particular em curso — comentei, sem meias palavras; depois, acresci, usando de honestidade franca: — Afinal acha-se ela, neste instante, em experiência material difícil, consorciada maritalmente justo com quem, naquele passado, nos compareceu como o nosso mais renitente inimigo[1].

— Mas também vivenciaste experiência conjugal de outra ordem, em século mais recente, numa das tuas últimas jornadas na matéria junto com Lucilla.

— Sim — admiti com naturalidade. — Devendo confessar abertamente que em muito faltei com a irmã que, nesta etapa, me acompanhou como parceira conjugal. — E meneei para Tarsila, sorrindo, plenamente cônscio do muito que ainda me faltava, àquela altura, lapidar em mim mesmo aquele aspecto particular das experiências humanas. — Como você sabe, Lucilla me acompanhou como irmã consanguínea, por quem tinha um apego excessivo, dentre os muitos irmãos que me ladearam neste período vivido na região sul italiana. Casei-me. Mas não podia mentir para mim mesmo. Por alguma razão que não conseguia identificar com clareza, meu universo emocional, no que lhe dizia respeito, se mostrava ressequido, tênue, isento de calor humano. E, por causa disso, faltei com sinceridade e dedicação para com esta pobre jovem, que apesar de tudo me votava um afeto sincero, mas que, em se cansando de investir numa relação malograda na nascente, acabou desviando seus interesses aleatoriamente para outras pessoas que lhe surgiram de entremeio à jornada, de resto áspera, nas condições sociais da época em que vivia[2].

— É a lição mais difícil, Caio — sorriu-me Tarsila, dócil.

— Sim — mais uma vez confirmei, encarando-a com a cumplicidade de um irmão que se sabe diante de alguém plenamente

1 Peripécias também narradas em *O Pretoriano*, obra anterior. Trata-se de alma renitente em desafeto para com o autor espiritual da presente obra, em relação ao qual vem ele burilando progressivamente estas diferenças no decorrer das reencarnações sucessivas. (N. da M.)

2 Refiro-me ao contexto de uma reencarnação vivenciada em séculos mais recentes, em companhia da médium, e como componente de uma família italiana numerosa nas regiões da Sicília, em situação social humilde e obscura marcada pelas mais ríspidas dificuldades de sobrevivência. (N. do A. E.)

ciente de seus dilemas e desafios. — Tens razão, Tarsila. Ainda me oriento com cautela e com certa dose de insegurança nas vivências que vêm para nos assegurar que o manancial sublime do amor presente nas almas não se esgota se o espraiamos com equanimidade a todos que nos ladeiam na jornada infinita; assim como também não perderemos de vista aqueles seres especialíssimos em termos de sintonia d'alma, que nos permanecem próximos sempre e fielmente, magnetizados pela excelsa linguagem articulada, a qualquer tempo e lugar, pelo nosso coração.

Marcus, de seu lado, apenas ouvia, anuindo placidamente, com um sorriso solidário. E Tarsila, a partir dessas conclusões, aludiu a outro aspecto da questão, olhando de um para outro:

— E para onde encaminharemos a querida Plotina quando enfim se vir em condições de nos acompanhar para melhores cenários futuros?

— Primeiro, e voluntariamente, deverá ela reconhecer as condições precárias nas quais se mantém no presente momento, ansiando, a partir disso, por destinos e situações melhores, querida. Não obstante, até para isso, deverá seu coração se iluminar pela convicção de que, para que elos de amor melhor lhe atendam, de seu íntimo, antes deverá partir o apelo, a prece, por momentos de entendimento, de humildade perante os desígnios do Altíssimo, de maior comunhão afetiva com os seres que lhe devotam afeto sincero, enfim. Escolha... — arrematou Marcus, sorrindo-nos, calmo e lúcido.

— Escolha... — concordamos. Tarsila com palavras; eu, apenas meditativo.

Horas mais tarde, retornávamos da visita agradável à amiga em comum, durante a qual delineamos planos proveitosos e trocamos ideias úteis a respeito das atividades conjuntas desenvolvidas nos setores de Elysium nos quais nos cabiam colaboração e responsabilidades.

— O que temos em perspectiva para agora, Marcus? — quis saber do amigo e mentor para quem olhava, agora, com novos olhos, depois de me inteirar daquelas particularidades de ordem pessoal com raízes no nosso passado comum, para as quais também ele buscava solução satisfatória. — Preciso retornar para junto de Lucilla durante algum tempo, e quero deixar alinhavados contigo os nossos próximos passos.

Ele logo aquiesceu com tranquilidade.

— Vai... – meneou, jovialmente. — Se precisares do meu concurso a qualquer tempo, porém, não deixes de requisitar minha presença, daquela forma rápida e prática que já conheces — declarou, referindo-se à linguagem telepática habitual em paragens espirituais com certo grau de desenvolvimento e preparo de seus habitantes.

Fiz que sim, sorrindo-lhe e dividindo o bom humor. Meu trabalho junto à Lucilla já atingira um estágio, naquele momento de sua estadia na matéria, no qual lograva empreender meus próprios passos e iniciativas com maior desenvoltura e liberdade de movimentos, seguro do acerto de minhas avaliações do caso, sem prescindir, todavia, do precioso concurso de Marcus de tempos em tempos.

Contudo, antes de nos separarmos, ainda estendi com ele o assunto que tratáramos demoradamente na visita finda havia pouco.

— Estás mesmo decidido, de teu lado, Marcus, a voltar à matéria com Plotina? Sem querer aqui pretender te dar conselhos, justo a ti, o meu conselheiro — observei com certo humor bem-intencionado. — Olha que no passado já aconteceu este tentame com resultados que não te atenderam à realização íntima.

Marcus aceitou o aparte com boa vontade e disposição para explorar o assunto. Puxou-me a passeio durante alguns instantes a mais pelas avenidas belas da encantadora cidade do espaço.

— Vamos conversar sobre isto, Caio. Pelos "deuses" — ele alimentou o humor no comentário propositalmente, porque em verdade o que diria funcionaria antes como oportuna advertência à minha reflexão. — Mas por vezes tu aparentas ter saído há pouco dos tempos vividos na antiguidade romana ao lado de Lucilla, quando todos nós ainda necessitávamos do devido reajuste nas nossas diretrizes íntimas de afetividade. — E, puxando por mim, para que lhe acompanhasse o fio do raciocínio: — A qual tipo de realização íntima te referes no teu questionamento?

Mas eu já me conscientizara antecipadamente do primarismo do meu comentário bem-intencionado, mas imprudente, de antes, e assim permiti-me somente assimilar com proveito o que tinha a me dizer.

— À tua, no terreno da tua afetividade... — aludi, de boa vontade.

— O que te confunde, meu velho amigo, é o fato de sermos o mesmo ser a qualquer tempo, em evolução e aprimoramento constantes, esquecendo-te somente de que, na trajetória de mudanças infinitas que nos lapidam no âmbito da eternidade, acabamos nos tornando outros indivíduos, mais conscientes, dotados de maior entendimento da existência e, a partir disso, com outras referências de realização completamente diferentes daquelas que nos orientavam as atitudes dois mil anos antes. — E, ao meu assentimento silencioso e amigável, completou: — Aludiste à realização na afetividade de um militar romano que outrora pautara sua vida a partir de um sem-número de conceitos equivocados a respeito do que sejam a felicidade e os seres que nos rodeiam, compartilham e acompanham as nossas experiências. — Parou um pouco, olhando-me de frente e cruzando os braços, em atitude confortável em meio àquela palestra. — Minhas realizações atuais pouco ou nada têm em comum com as do Cláudio Celso daqueles tempos, entendes?

Abanei a cabeça, em certo desconcerto.

— Claro que sim — devolvi, afinal, acrescentando: — Perdoa-me a puerilidade do comentário. — E, deixando-me levar por outra ordem de considerações, talvez que para me escusar: — É que talvez tenha me ocorrido que, a par das tuas inegáveis conquistas íntimas, Plotina seguirá a teu lado em condições que não nos é possível predizer aqui e agora. Ainda não sabemos como se dará a reviravolta no seu estado de espírito combalido, que lhe proporcionará acompanhá-lo de modo minimamente condizente para os seus propósitos de auxílio.

Ele, porém, era de parecer diferente, do alto da experiência que lhe assegurava outras perspectivas.

— Como saber, Caio? É bem provável que, ao enfim deixar aquele lugar indigno das mais gratas qualidades de sua alma sensível e afetuosa, se apresente em Recanto das Águas ou em outro posto socorrista, sob muitos aspectos, mais amadurecida do que muitos de nós quando de nosso regresso de alguns dos embates mais difíceis das nossas vidas materiais. — E, apondo nota oportuna, em lembrança justa de peculiaridades do meu caso pessoal: — Que dizes, por exemplo, do estado atual da tua Lucilla, hoje reencarnada voluntariamente, como bem disseste, em vivência conjugal justo com quem representara a ambos o maior entrave aos vossos sonhos de felicidade conjunta naquela época recuada? E, de outro lado, não sois felizes hoje, unidos em coração a qualquer tempo, em atividade constante de burilamento e apoio mútuo, constituindo realização sublime dos vossos mais caros sonhos cada reencontro que efetivam aqui, no âmbito mais verdadeiro da vida e da eternidade?

Não pude refutar. Era fato. Mesmo aquela Lucilla do passado, que também já incorrera no mesmo engano funesto ao qual se entregara Plotina, que colhia ainda naquele momento os frutos amargos de um instante de desvario profundamente equivocado, em se tendo deixado arrastar pelos extremos de desesperança e desgoverno de si própria; mesmo Lucilla já havia deixado para trás muito de si mesma, de suas fragilidades, limitações e desfalecimentos de segurança e de confiança nos recursos magníficos da Providência. A sua diferença em relação à antiga afeiçoada de Marcus era apenas que burilara a si própria com maior decisão e celeridade, não se deixando prender nas malhas da vindita e, ao contrário, e em compasso comigo mesmo, empreendera decididamente novos rumos à sua história, envidando apostar nas tentativas progressivas de harmonização com personagens em relação aos quais não quisera nutrir ódios, mas esperança e iniciativas em prol de uma reconciliação final e afetuosa, para o bem de todos.

Era, ainda uma vez, a escolha sabiamente mencionada por Tarsila havia pouco, que em última instância sempre determina os fatos de cada minuto de nosso tempo, seja durante os períodos fugazes de nossas trajetórias na matéria, seja depois, e mais ostensivamente, nas dimensões da vida espiritual.

Marcus, deste modo, concluiu, voltando a andar tranquilamente e arrematando o assunto, com prazer sincero evidenciando-se na fisionomia pacificada:

— Eu e Tarsila a receberemos na matéria à conta de pais amorosos, Fábio. — Olhava-me, e seus olhos reluziam de franca alegria ao antecipar ao meu conhecimento a convicção que guardava na eficiência daquela providência. — Em tempo certo, baixaremos todos aos palcos materiais, onde o amor, em sua versão mais sublimada, haverá ainda uma vez de provar, e mesmo que sob os efeitos das prováveis repercussões hostis nesta alma para conosco, seus supostos inimigos, que somente ele, este amor incondicional, despojado e isento de restrições, nos redime e livra dos resquícios antigos e indesejáveis de todos os males, de todos os anseios, de todas as amarguras nascidas nas almas nos seus momentos pregressos de invigilância.

Minha única reação de acréscimo foi bater-lhe, amigável, no ombro, em sinal de agradecimento e admiração por aquela justa exposição de realidades inegáveis, pois que comprovadas pelo meu próprio histórico recente de aprendizado.

— Quem sou eu para te refutar mais o que quer que seja, Marcus? Só posso te ofertar minha satisfação por mais esta vez em que os teus conceitos resultam em aula proveitosa e exata para mim e meus interesses mais imediatos.

Dali nos separamos temporariamente, cada qual buscando atividades de outra ordem, dirigindo-nos um ao outro breve despedida afetuosa depois de acertarmos para os próximos dias um encontro com Alexandre, a fim de verificar como se arranjara o nosso amigo com sua assistência amorosa à família reencarnada, bem como as escolhas efetivadas por ela no encaminhamento dos seus desafios de momento, nos palcos materiais terrenos.

## Capítulo XXI

# Na noite chuvosa

Passado algum tempo, dirigia-me, solitário, aos meus cenários particulares de ação nos bastidores da materialidade, junto à minha assistida e ao grupo de consanguinidade que a acompanhava de perto nos embates reencarnatórios.

No trajeto para o endereço onde residia, que costumava percorrer com maior ou menor detenção nos detalhes circundantes das ruas da populosa cidade brasileira em dependendo do grau de urgência que me atraía para a continuidade do meu trabalho de assistência e amparo, raras eram as ocasiões em que não deparasse com oportunidade de algo acrescentar, a partir das condições privilegiadas da vida onde me situava, em prol de irmãos outros, em estágios diversos de aprendizado corpóreo.

Assim que, em certa vez, e num princípio de noite, em alcançando, até certo ponto distraído com as preocupações íntimas, as cercanias de um agrupamento de ruas residenciais sucessivas, entreouvi comentários agitados vindos de ampla residência feericamente iluminada, onde algum tipo de festividade de cunho familiar findara havia pouco, dado o teor do que diziam os moradores em azáfama de arrumação de mesas e de cadeiras desorganizadas e encimadas por pratos, copos vazios ou com restos de refrigerantes, bem como com sobras de bolos e de guloseimas espalhadas para todo canto.

— Alice, sobrou muita coisa. Nem consigo mais olhar para qualquer um destes pratos de salgadinhos.

— Os doces eu os quero, mamãe! São doces finos... Mas que pretende fazer dos salgados? — E uma mocinha adolescente se movimentava ativamente, somando esforços aos da mulher de meia-idade, ambas arrumadas com esmero, enquanto crianças e alguns homens se misturavam por ali numa algaravia de gritos pueris, risadas e comentários acesos acerca dos eventos há pouco celebrados na moradia.

— Não sei o que fazer deles; se a ninguém mais apetecer, talvez amanhã os ofereça à empregada. Haverá de gostar de levá-los para as suas crianças.

Ouvi de passagem aqueles comentários álacres e, prosseguindo no caminho para o meu destino já próximo, em meio ao vaivém ainda intenso de transeuntes naquele princípio de anoitecer, mais à frente, em cruzamento de avenidas que possuíam num dos seus ângulos uma marquise de estabelecimento comercial já fechado, deparei com cena singular.

Um pedinte, encolhido sob o abrigo de um cobertor roto sob a marquise, protegendo-se contra um chuvisco fino e gélido de começo de inverno, e tendo a seu lado um cachorro malnutrido, parecia hesitar em mordiscar uma nesga velha de pão que mexia pensativamente entre os dedos, sob o olhar faminto do animal que lhe compartilhava as agruras, a custo contendo o ímpeto de avançar e arrancar-lhe com os dentes aqueles restos de alimento, que para ambos representava, sem dúvida, o último sustento durante um período de horas talvez que longo, impossível de prever.

De pé diante da cena francamente ignorada pelos passantes apressados que buscavam ganhar o lar, ou destinos outros, antes do cair completo da noite, fustigando-os os ventos arrepiantes soprando em rodamoinho naquela esquina obscura, achava-se, não exatamente para a minha surpresa, um representante das muitas esferas invisíveis da vida, atento e solícito para com o que se passava com o personagem que se evidenciava como um seu tutelado do mundo físico.

Ergueu a vista, curiosamente, quando deu com a minha aproximação, porque havia me detido irresistivelmente diante do que presenciava.

Cumprimentamo-nos com naturalidade, em reconhecendo um ao outro como pares em atuação a partir das dimensões invisíveis às massas de população reencarnada que transitava, incessante, por ali.

— Boa noite. É o teu tutelado? — indaguei, em atitude solícita, quando, àquela altura, o animal esfaimado e maltratado pelas mesmas agruras padecidas pelo ser humano a seu lado afinal não aguentou com o assédio da tentação pendendo, inerte, da mão do homem ainda todo absorto no seu alheamento íntimo para, de um salto, arrancar-lhe com forte mordida o pedaço tosco de pão, engolindo-o de um só fôlego, e imediatamente sofrendo dura reprimenda.

— Cão danado! Comeste quase todo o pão que me restava, e não me poupas o último naco?

E o infeliz indigente deu-lhe um sopapo de lado, com as costas da mão ainda suja dos restos esfarinhados que segurava até um momento antes.

O cachorro ganiu e escapou uns metros. Ficou de longe um pouco, observando, à expectativa do instante propício de retornar para debaixo do abrigo da marquise para livrar-se da chuva que já caía, fina, porém fria e contínua.

O companheiro de aspecto maduro da minha esfera apenas meneou, para me responder ao questionamento, uma vez que me identificou logo como um irmão de propósitos a transitar, incógnito, tal como ele mesmo, pelas regiões da matéria mais densa.

— Sim. É meu protegido. Atravessa neste momento instante crítico tanto quanto ingrato de necessidades de ordem física. Passa fome; já padece de certo grau de alienação em face da rudeza grave de carências materiais, com a saúde em vias de periclitar por privações e frio — respondeu, sorrindo-me bondosamente.

— E tu és o responsável pela assistência, da nossa dimensão, para com o irmão em prova?

Ele anuiu de novo, olhando o tutelado com compaixão e ternura transparecendo da fisionomia lúcida.

— Ele mesmo pediu a prova. Fui-lhe parente próximo e amigo em muitas trajetórias carnais, e, nos últimos séculos, pai dedicado. Mas Amaro foi homem de fortuna em épocas de exploração aurífera no Brasil; todavia, não sabendo se conduzir com grandeza de alma para com o sem-número de trabalhadores que lhe valiam na extração mineral que o alçou ao poder e à riqueza, deixou que a ambição desmesurada lhe ressequisse as entranhas de amor e de compaixão para com os que dependiam financeiramente do labor áspero e sem compensações dignas, constituindo-se quase em modalidade de escravidão remunerada à conta de trocados, insuficientes para prover às famílias daqueles infelizes.

Olhou-me e, ainda que se reconhecendo diante de alguém solidário para com o que escutava, não quis abusar da minha boa vontade em me inteirar de sua história nem deter-me para além do que eu julgasse possível às minhas urgências. Então resumiu apenas:

— Meu assistido arruinou muitas almas, no âmbito material, para angariar a condição avantajada das fortunas extraídas, naquele tempo, ao preço do suor e do sofrimento de famílias inteiras que dependiam desesperadamente da esmola vertida de seus recursos incalculáveis, à conta de salário. Agora, cônscio do tamanho imensurável de seus erros, e julgando que nada haveria de remir suficientemente seus vícios d'alma para apresentar-se condignamente diante dos inúmeros prejudicados por seus excessos, para rogar-lhes o perdão pelos sofrimentos indizíveis do passado, quis sentir no cerne de si mesmo, em vida limítrofe de privações aspérrimas, a dimensão do desastre que causara a outras vidas humanas. Assim, veio aqui ter desde o berço nesta situação terminal de indigência; nenhuma oportunidade que seja; nenhum arrimo familiar nem alternativas sequer de sustento digno lhe atenderam, desde os anos mais incipientes de sua nova vida corpórea principiada em tapera misérrima das regiões em situação desesperadora de carências do Brasil. Todavia — arrematou, enquanto me limitava a ouvir-lhe respeitosamente o tocante relato —, aos quase cinquenta anos, seu martírio acha-se próximo do desfecho. Moléstia insuspeitada corrói-lhe as entranhas, e não tardará o instante em que deixará os palcos materiais para outro destino, em situação cármica incomparavelmente favorecida, de vez que redimido perante a própria consciência e em condições de, dignamente, realizar a segunda parte de seus objetivos, que é o de beneficiar e consorciar-se em afeto com os primeiros daqueles que foram vítimas dos seus desvios cegos dos séculos findos. Nesta ocasião, será acolhido por mim e por outros que se interessam de perto pelos seus rumos e progressos.

Findou seu breve discurso e dirigiu-me o olhar tranquilo e confiante nos desfechos mais felizes do porvir. De meu lado, e em desconhecendo a fundo as nuances da história pregressa do personagem singular que tinha diante de mim, limitei-me a concentrar iniciativas nas necessidades que o flagelavam naquele momento.

— Ali em frente — meneei, indicando —, agora há pouco, passei perto de uma moradia distanciada a poucos passos, nesta direção, onde se encerra uma festa. Ouvi da dona da casa a respeito de excessos de alimentação em excelentes condições, em vias de ser descartada. Teu tutelado quase desvaira em fome, amigo — observei, exprimindo sincero zelo. — E há de se molhar severamente com o temporal que já desanda a cair. Induz-lhe, primeiro, os passos no sentido da rua que te indico, e inspira-o a pedir suprimentos na residência à qual me refiro, de cor bege, dois pavimentos e janelas brancas defrontadas por jardins. Depois, guia-o para debaixo de outro abrigo menos precário, sob vasta cobertura de concreto frente a um banco, logo mais adiante. É protegida dos ventos e da friagem da madrugada.

Surpreendido com a providência bem-vinda que lhe sugeria, o colega de missão da invisibilidade deitou-me olhar entre satisfeito e agradecido.

— Qual o teu nome, filho, que me compareces tão oportunamente, com estes alvitres fraternos?

— Caio, e o teu? Venho de Elysium, cidade da nossa dimensão da vida um tanto distanciada do território brasileiro. Todavia, tenho uma tutelada nas proximidades deste bairro, de quem também acompanho com interesse o atual aprendizado corpóreo!

— Elias. Venho da colônia Alvorada, situada sobre o estado de Minas. — Apertamo-nos as mãos fraternamente. — Pois dispõe de mim com largueza, em algum outro momento em que precises dos meus préstimos. Já sabes, pois, onde me achar. Grato, filho; grato.

E como eu meneasse em concordância amigável, não querendo retê-lo mais nas necessárias providências que logo envidou, com admirável eficiência, durante apenas uns instantes a mais observei, enquanto, acercando-se carinhosamente do assistido, apunha-lhe uma das mãos sobre a fronte, reclinando-se e murmurando-lhe, decidido, alguma coisa a que o outro prontamente reagiu, mexendo-se, e, ainda que demonstrando o mesmo grau de alienação perturbada de antes, desalojou-se do recanto sujo e sombrio onde se encolhia. Recolheu o seu maturão, o cobertor surrado, uns outros trapos e coisas indistintas dentro de um saco plástico; e, seguido de perto pelo animal ressabiado que lhe fazia companhia, avançando a passos vagarosos pela calçada, seguiu na direção por mim mencionada ao seu guia do invisível.

Este, antes que desaparecesse ao longe ao lado do tutelado nas sombras noturnas da avenida agora deserta, ainda outra vez me acenou, com um sorriso largo e reconhecido.

# Capítulo XXII

# *Filhos não são só crianças*

Dois dias passados, fomos reencontrar Alexandre no local previamente acertado, na residência mesma da família cujos últimos impasses acompanhávamos da nossa dimensão de vida.

Logo de saída o percebemos de semblante mais desanuviado do que o esperado, dado o teor acentuado de suas preocupações mais recentes, prenunciando-nos notícias alvissareiras.

Acompanhava-o a trabalhadora dedicada da nossa esfera, Gerusa, uma sua afeiçoada pessoal que atuava em labores semelhantes ao de Marcus, e de boa vontade se oferecera para substituí-lo condignamente durante a nossa breve ausência, durante a qual nos ocupamos, em Elysium, com os episódios descritos anteriormente.

Na varanda dianteira da residência familiar, o próprio Alexandre, assim, nos aguardava naquele princípio ensolarado de manhã. Acolheu-nos com abraço fraterno e estreito, um sorriso largo iluminando-lhe a fisionomia bem-disposta.

— Então — cumprimentou Marcus, para início de diálogo —, eis-nos de volta, e, a menos me engane nas impressões, achas-te mais liberto de ansiedade do que quando o deixamos! Como vai, Gerusa?

— Contamos com ajuda insuspeitada para os nossos melhores propósitos — adiantou-nos a acompanhante de Alexandre, dirigindo-nos sorriso entre jovial e afetuoso.

— Deveras? — Entreolhamo-nos, logo dispostos a ouvir com interesse a história que prometia ser interessante.

Com efeito, Marcus nos atraiu até o pequeno e gracioso jardim da moradia, próximo dali, para conversarmos. De dentro da casa, provinham ruídos álacres da conversa mantida pelos moradores e hóspedes durante o café da manhã.

Acomodamo-nos todos nos assentos dispostos no frescor das sombras do arvoredo próximo.

— Logo quando da saída de vocês, tivemos que nos haver com ferrenhas dissensões entre minha irmã e Rangel, que, por melhor tenha se mostrado após nossa intervenção no período do desprendimento noturno, demonstrava ainda ríspidas dificuldades para aceitar com boa vontade críticas bem-vindas e intercessões nas diretrizes e pareceres enganosos com que vinha orientando a delicada situação. — Marcus meneou, lançando-nos um olhar franco e transparente de sinceridade. — Conheces o temperamento de Flávia, Marcus, e bem sabes que nunca foi dada a meias palavras em momentos decisivos. Enérgica e presta, como sempre se mostra nestas ocasiões, decidiu-se a fazer ver ao cunhado a gravidade de que se reveste a situação de mamãe, bem como a urgência de resoluções a contento no sentido de aliviar de sobre os ombros de Viviane a sobrecarga ingrata de tensão e angústia que a vem flagelando há um sem-contar de tempo.

— Sim. Flávia e Almir, no dia posterior à saída de vós, dispuseram-se a imprimir ao curso dos acontecimentos um rumo decisivo, no intuito de não prolongar por mais tempo o impasse no qual se demoram já há alguns dias, com prejuízo do caso em curso, já que vieram de tão longe com sacrifício, inclusive, do período escolar dos filhos e não exatamente a passeio agradável de cunho familiar — comentou Gerusa.

Ao que Alexandre observou:

— Desta iniciativa nasceram momentos tensos e de grande consternação. Em promovendo com nossa irmã e o marido reunião de caráter privativo durante o período de descanso de nossos pais, altas horas da noite, causou-nos grande apreensão perceber o agravamento dos desentendimentos entre Rangel, Flávia e Almir. Todavia, não obstante Rangel consentisse nesta providência de manter à parte do diálogo que se faria evidentemente desgastante não apenas papai e mamãe, como também as crianças, a providência, contudo, surtiu resultados de um lado, mas não de outro. Com o desenrolar do diálogo, no calor da troca de acusações mútuas que elevavam-lhes o tom das vozes para além do que queriam, um dos meninos acordou: justamente o filho mais novo de Rangel, por quem nutre ele verdadeira adoração. Levantou-se e, dirigindo os passinhos temerosos até a entrada da saleta onde se achavam em reunião, surpreendeu a todos, pálido, assustadiço, as lágrimas escorrendo incontidamente pelo rosto.

Eu e Marcus ouvíamos o relato comovente absortos, profundamente interessados pelo desfecho da narrativa. Gerusa, em o notando, não tardou em nos atender à expectativa.

— Foi justo Rangel, portanto, quem primeiro se viu na emergência de se recompor; pois assacava contra a cunhada, sob a disposição irascível do já encolerizado Almir, uma série de acusações duras, inclementes mesmo, referindo descaso intencional de Flávia para com os cuidados com a saúde precária de dona Estefânia e o sustento devido do senhor Laurêncio; alegava sem meias palavras negligência franca do casal para com o caso crítico com o qual ele e Viviane já há tempos se viam às voltas, lutando com os devidos recursos, quando eles, na verdade, mais bem situados financeiramente, teriam a obrigação irrefutável de assumir a frente de tudo.

— Foi quando Flávia e Almir já iam rebatendo as invectivas, dominados por incontrolável exasperação, que o menino surgiu na entrada da sala — Alexandre arrematou a descrição do episódio familiar difícil, ao qual assistira na companhia de Gerusa tomado de fundo pesar e desorientação momentânea para adotar iniciativas que sustivessem a tempo o desenrolar descontrolado de uma desavença cujo desfecho prometia ser o pior possível. — Todos estacaram, em estupefação e inércia abruptas. Viviane abandonou-se de uma vez às lágrimas desoladas, e o filhinho, ainda mais espantado daquilo, correu-lhe ao colo, aninhando-se nele e deixando enfim extravasar o chorinho que era puro estupor e susto da situação que tinha diante de si e da pouca capacidade de compreensão da sua idade.

— Flávia, de seu lado, emocionou-se e renovou de pronto sua disposição interna e externa, como se despertando a tempo de um mau sonho. Levantou-se de onde estava, indo até a irmã desamparada e sem condições de acalmar a contento o pranto do filho. Almir calou, confuso, e Rangel, de seu lado, recriminava-se intimamente, de maneira visível, no reconhecimento da própria ineficiência para conduzir o episódio de maneira mais madura e salutar a todos — observou Gerusa. — Mas foi o comentário inopinado de Cláudio, por entre os soluços doloridos de angústia e medo, que transmutou de vez em algo mais apropriado as condições íntimas do cunhado de Alexandre.

E, ante nossa indisfarçada expectativa, Alexandre assentiu, e, expressando terna complacência, concluiu a narração:

— Cláudio disse, dirigindo, intimidado, o olhar úmido ao pai e aos tios ali reunidos: "Papai, por que vocês estão brigando? Não posso dormir. Assim tia Flávia e tio Almir vão embora, e estamos tão felizes porque vieram e fizeram esta surpresa depois de tanto tempo em que não vimos os primos. Assim, vovó, que está doente, vai piorar, e vovô também ficará triste!".

***

Pouco depois, dentro do lar onde a família findava sua refeição matinal em satisfatório clima de cordialidade, observávamos, mais alentados, a azáfama ruidosa das crianças entretidas com risadas e falatório, e os adultos ali reunidos em torno de dona Estefânia combinando coisas importantes para as semanas que haveriam de vir. Enquanto assim nos entretínhamos, Alexandre dava arremate à palestra iniciada no jardim dianteiro da casa momentos antes.

— É impressionante a capacidade dos pequenos que, em situações críticas desse tipo, e sem ter disso muita consciência, produzem intervenção assim significativa, com os elementos lúdicos, claros e despojados de máculas de que dispõem.

Marcus logo atendeu ao comentário de maneira oportuna.

— É que os pequenos não são somente os pequenos, vulneráveis e neutros no contexto vasto de um histórico familiar, como a fragilidade aparente de seus aspectos nos induz a crer na maior parte do tempo, Alexandre. O menino, como nos esclareceu, é o filho caçula de Rangel, o mais suscetível de alcançar-lhe a sensibilidade, ainda que naquelas ocasiões em que se mostra mais impermeável aos bons impulsos dos sentimentos. Não foi por acaso que se deu esta intervenção oportuna. A criança que se achava adormecida não é somente a alminha nos primeiros estágios reencarnatórios dos seus poucos oito anos; para com este grupo familiar, e mais para com uns do que para com outros, ele é bem mais. É espírito liberto e dono de vasto repertório vivido em comum com aqueles com quem, aqui presentes, compartilha maior empatia e laços sólidos de afetividade. Quem intercedeu, de fato, e portanto, foi este espírito amigo e desperto nas dimensões mais libertas do Mundo Maior, em instante propício a efetuar, no minuto crítico, uma tentativa incisiva a mais, no sentido de se apaziguar os ânimos e de reajustar atitudes da forma mais acertada à resolução adequada de todos estes impasses.

— De fato, foi depois deste acontecimento que Rangel se mostrou francamente predisposto à renovação salutar de atitudes e de pensamentos. De entremeio mesmo ao constrangimento do momento, já pedia desculpas aos cunhados pelo que classificou de deselegância crassa, descabida para com eles, quando na verdade ali se achavam para auxiliar. Revelou-se complacente para se retratar das duras acusações proferidas anteriormente e, assim, a partir dali, passar, a tempo e em comum acordo, à necessária renovação íntima e de diretrizes, acatando ideias novas para a solução a contento da situação melindrosa dos sogros — concordou Alexandre, enquanto eu e Gerusa, de nossa parte, nos demorávamos agora a atentar ao que combinavam os componentes daquele grupo familiar para os tempos que viriam.

De fato, sob o aspecto em tudo mais reanimado de Viviane, para notada satisfação do nosso amigo das esferas do espírito, era Almir quem naquele momento tomava a palavra que queria ascendente, sobretudo, ao habitual endurecimento de Laurêncio para com situações novas, que o viessem desalojar da posição atual que, e muito embora a ela habituado, em nada vinha sendo saudável ou eficaz para o bem-estar seu e de dona Estefânia, e para a intimamente exaurida Viviane.

— Bem, então ficamos acertados que, durante os próximos tempos, nossos sogros mudarão de estadia, indo, na nossa companhia, usufruir da companhia de seus outros netos, que também merecem a convivência de seus avós do sudeste e, em muitas ocasiões, tecem, a respeito disso, reclamações bem fundamentadas.

A estas considerações, as crianças de Flávia, reunidas à mesa ao lado dos primos, irromperam em exclamações alegres e celebrativas.

Mas Rangel, de dentro de visível desconcerto, ainda atalhava, bebericando de má vontade o seu café:

— Almir, devo ser justo; a despeito do que possa ter dito impensadamente a vós em outro momento, e assim como não considerava acertado que somente a nós coubessem as providências neste sentido, também não me parece exato que, num outro extremo, agora somente vós tomais a vosso encargo todas as responsabilidades.

— Não deveria ser encargo de nenhum de vós. Não estou morto, e posso me cuidar — atalhou Laurêncio, neste ponto do diálogo, bastante contrafeito, na inflexibilidade natural da idade. Mas Almir o ignorou e continuou na sua linha de raciocínio:

— Entendo teus escrúpulos, Rangel, e creio integralmente na sinceridade de teus pareceres, mas Viviane já se consumiu demais, e devemos reconhecer de que dispomos, em Minas Gerais, de situação mais estável para, neste ponto, arcar tanto com despesas quanto também com os cuidados domésticos para com dona Estefânia. Se, portanto, e para atendê-lo nos seus escrúpulos, te parecer sensato e confortável, invertamos a situação que até então nos dizia respeito, a mim e a Flávia: aceitaremos de tua parte alguma contribuição de valor monetário para as despesas médicas, dedicando, por nossa vez, os cuidados de feição pessoal e afetiva, como Viviane até o momento o fez com tanto desprendimento e sacrifício de si mesma.

Rangel manteve-se apenas reflexivo a este argumento; mas quis apor resposta justa ao aparte um tanto intempestivo proferido pelo sogro anteriormente, para surpresa de todos nós ali presentes, no âmbito da invisibilidade da vida terrena:

— Também não fora absolutamente do teu encargo no passado, senhor Laurêncio, o socorro financeiro bem-vindo que me atendeu no capítulo das despesas escolares das minhas crianças, à época em que me colheu absolutamente despreparado a situação súbita de desemprego; e, no entanto, honraste escrupulosamente por mim todos os meus compromissos neste sentido, durante o tempo que se fez necessário, até que a nossa fase mais crítica se aprumasse. Portanto, nada do que façamos agora pelo teu bem-estar e o de dona Estefânia, e ainda pelo de Viviane, que tanto tem padecido nas lutas inauditas dos últimos anos, representa mais que dever filial de gratidão e amizade de cunho familiar. Nada de pruridos conosco, e principalmente comigo, então...

Uma pausa em silêncio notadamente reconfortante recebeu as palavras conciliatórias de Rangel, enunciadas em tom inequivocadamente sincero. Viviane deitou ao marido o olhar carregado de gratíssima emotividade, acrescentando para o cunhado, de dentro do enlevo sedativo para a alma que experimentava naquele instante de acertos mais do que necessários ao sossego íntimo de cada um dos ali presentes:

— Pareceu-me excelente o teu alvitre de contratar o serviço de enfermagem para mamãe que venha dar a Flávia os necessários suportes, se podes arcar com tal encargo a mais, visando não exaurir a minha irmã que, afinal, como nós mesmos, tem os cuidados diversificados no atendimento aos filhos e ao lar — aludiu, na delicadeza que lhe era própria, nunca impositiva.

Mas a irmã mais velha segurou-lhe, sobre a mesa, a mãozinha alva e algo úmida pela emoção do momento.

— Ora, pois se tu de tudo isto deste conta a contento, julgas, acaso, que não me aviaria para tanto? Se envidarmos esta providência, será apenas um conforto a mais, sobre o qual te rogo sentidas desculpas, minha querida, por não a ter sugerido em outro momento a teu favor. Eu e Almir com gosto arcaríamos com esta despesa em prol do bem-estar, teu e de mamãe.

Viviane respondeu-lhe esquivando-se, apenas, com um sorriso dócil.

Ao lado, dona Estefânia, como se de algum modo dando sinais de detectar na atmosfera que a circundava significativa melhoria, que a agasalhava em aura inédita de afetividade inexistente até dias antes sob o calor atormentador das desavenças, somente olhava tranquila para as filhas, netos e genros em palestra.

E sorriu, então, inesperadamente, lançando agora este olhar misto de alheamento com reconforto ao esposo, que, naquele momento, somente a tudo assistia, entre perplexo, silencioso, agradavelmente surpreendido.

Capítulo XXIII

# Projeto cármico

Demos como finda satisfatoriamente nossa intercessão mais direta em colaboração com a situação familiar terrena de Alexandre, amizade inestimável a mais conquistada no meu rol particular de afetos existentes no ambiente salutar da nossa Elysium, paragem das dimensões extrafísicas tão cara ao coração e universo íntimo.

Não obstante, acertamos reencontros periódicos, nos quais dividiríamos momentos prazerosos de convivência amigável durante as atividades inúmeras da nossa cidade espiritual de origem e nos situaríamos sobre as novidades a respeito daquele agrupamento familiar em continuidade de experiências na materialidade, colocando-nos, a qualquer tempo, disponíveis para uma visita fraterna ou de caráter assistencial. Alexandre, efetivamente, já se achava em condições de conduzir com certo desembaraço a tarefa de amparo amoroso aos parentes consanguíneos da vida corpórea, embora sempre ladeado por amigos e familiares próximos e em condições de dividir-lhe os interesses e zelos.

Foi, portanto, com grata emoção que abracei o novo amigo endereçando-lhe os mais autênticos votos de felicidades nos tempos vindouros, a ele e a todos aqueles que mais lhe diziam ao espírito. Agradeci-lhe com veemência a oportunidade de aprendizado proporcionada pela sua generosa acolhida oferecida à intimidade de seus desafios pessoais, afiançando-lhe que, e de fato, por em muito se assemelharem os seus dilemas aos meus próprios, em grande medida me acrescentara para que bem conduzisse, de maneira mais aprimorada, as minhas iniciativas junto à querida assistida de quem acompanhava os passos e as vivências em outra região e situação, naquela mesma cidade do Rio de Janeiro.

Trocamos risos e ditos espirituosos e bastante celebrativos a mais, antes de afinal nos despedirmos temporariamente rumo a destinos e ocupações de outra ordem que a ambos nos aguardavam, e, ato contínuo, nas semanas seguintes, e dividindo meu tempo entre a tarefa prioritária junto à tutelada em período reencarnatório e atividades outras, diversificadas, que requisitavam-me o concurso e a atenção em Elysium e noutros setores de assistência da materialidade, aceitei o convite de Marcus, mais uma vez a título de aprendizado útil, para comparecer a importante reunião com Marcílio e com outros trabalhadores ilustres dos setores responsáveis, naquela estância, por projetos individualizados de retomada da vida corpórea no futuro: os denodados projetistas cármicos.

Viriam de tratar, na oportunidade, dentre outros assuntos pertinentes que diziam respeito a irmãos em trânsito por Elysium, do projeto futuro de retorno à vida física de Marcus e Tarsila, na companhia da fragilizada Plotina.

Contudo, tratava-se de caso melindroso, de vez que a paciente em questão haveria de ser requisitada àquele mister nos casos definidos como de reencarnação compulsória, visto o endurecimento de sua esfera emocional em estágios rudes de padrões vibratórios espirituais, situados nas faixas mais densas do astral circundante terreno.

— De fato, possui a irmã em questão qualidades inquestionáveis e potencialidade indiscutível de progresso para o seu contexto evolutivo, só não desenvolvida em maior plenitude pelo modo lastimável e renitente com que ela se detém, e de resto aberta a toda sorte de influências nefastas que se lhe acasalam por sintonia com as emoções baixas, naquela esfera deplorável do astral obscuro e adjacente à crosta e à materialidade mais densa — comentava Otávio.

Quis me inteirar, de minha parte, do mecanismo de reencarnação compulsória aplicado num caso como aquele, no qual a paciente era portadora de certo quantitativo evolutivo significativo sem, todavia, conseguir de si vencer um matiz específico de baixo padrão vibratório espiritual, em decorrência de endurecimento emotivo nos lances dramáticos do seu repertório emocional do passado. Marcílio esclareceu:

— É providência de profilaxia espiritual altamente eficiente nas suas implicações e seus resultados, Fábio, de vez que os requisitos de obscurecimento da memória pertinentes ao processo reencarnatório lançam o indivíduo em necessário tanto quanto bem-vindo recomeço de si mesmo, ombreando com desafetos insuspeitados de vidas anteriores em esforço conjunto de realização dos propósitos supremos de Deus, conforme já enunciado por Jesus há vinte séculos, no indefectível *perdoa não apenas sete, mas setenta vezes sete vezes*, e no *antes de depositares a oferenda no altar, reconcilia-te com o teu inimigo.*

— E, no caso específico, em que o retorno se realizará no panorama propício da consanguinidade materna e paterna, as chances de sucesso são quase absolutas — aduziu Madalena, a bondosa trabalhadora que, em conjunto com Otávio, comparecia ao caso em pauta como projetista cármica responsável pelas disposições relacionadas à questão de Marcus e Plotina.

Reuníamo-nos todos, no decorrer daquela tarde bucólica nos campos da imensa cidade do espaço, no setor administrativo competente para a entrevista previamente programada naquele departamento adjunto do Conselho de Deliberações para Reencarnação e Transferências Interdimensões. Ali, pois, diariamente discutia-se e decidia-se, por intermédio dos pareceres extraídos de um sem-número de reuniões semelhantes entre dirigentes, projetistas e habitantes de Elysium, acerca do destino dos futuros candidatos voluntários ou compulsórios ao aprendizado da vida corpórea, levando-se em conta estudos meticulosos sobre o numerário efetivo de vagas para tais tentames, o mérito ou demérito individual para tanto, as necessidades reais, as atenuantes, as chances de progresso efetivo do ponto de vista evolutivo para cada caso em particular. O número de pessoas diretamente envolvidas no panorama material em questão; os matizes de afetividade presentes, bem como de desafetos à espera, para o esforço conjunto de harmonização e aprimoramento espiritual do grupo. O intervalo preparatório necessário; o tempo de vida na Terra, os acontecimentos marcantes possíveis; a data de retorno e o modo como se realizaria.

Em suma, há toda uma infinidade de detalhes a serem previamente acertados que, de si, nunca são esgotados no devido tempo de uma dessas reuniões apenas, demandando todo um período extenso de encontros ao final dos quais tudo estaria perfeitamente planejado, sem possibilidades de erros ou de contratempos imprevistos.

— No teu caso particular, Marcus, para quando está previsto o teu retorno aos palcos materiais? — quis saber, a certa altura da palestra, já antevendo, com certo saudosismo, o período durante o qual teria de prescindir do suporte valoroso e sempre oportuno do grande amigo de tantos e tantos séculos de vivências divididas e de aprendizado compartilhado, sedimentando o que sem erro se confirmara entre nós como um laço inexpugnável de afeto e de cumplicidade, profundamente fraterno, em todas as possíveis nuances.

Foi Marcílio quem atendeu ao questionamento, de vez que respondia a um só tempo a mim e a Marcus a respeito desse pormenor.

— Se não nos falharem os planos e a fase preparatória de todos os envolvidos, Caio, temos uma previsão de Marcus e Tarsila presentes nos cenários materiais no período compreendido entre os anos vindouros de 2018 e 2019; aqui mesmo, algumas esferas vibratórias abaixo de nós, no território físico da nossa Itália, e mais especificamente em Roma, a cujos ares são, ambos, há tanto tempo afinizados.

Anuí, admirado do extenso intervalo, tendo em conta as referências do calendário terrestre, que se fazia necessário à plena execução de um cometimento que, à consideração esfacelada do reencarnado comum, pode parecer simples e destituído de todo este aparato, em termos de tempo, de cuidados, de estudos particularizados e de projetos correlatos, de todo um planejamento a longo prazo, enfim.

Era que se requisitavam, ainda, os misteres relacionados às minúcias de ordem genética apropriadas às necessidades dos reencarnados em questão à árvore genealógica familiar; a quais os que, dela fazendo parte, já se achavam previamente planejados no entrosamento com os personagens atuais, que se somariam à continuidade de seu histórico evolutivo familiar. Quais as restrições de saúde e de hereditariedade no capítulo da construção das personalidades e dos temperamentos? Quais compatibilidades climáticas? Quais quadros de ordem social daquele período da história atinentes ao país-alvo para o cometimento se mostravam particularmente propícios ou adversos aos projetos pessoais da família em vias de formação?

Dedicado mais a ouvir e refletir do que a comentar naquela conjuntura, limitava-me a olhar com novos olhos, admiração e entendimento para aqueles irmãos devotados das lides interligadas ao espírito e à matéria, considerando o tanto de simplicidade existente em cada um deles para o tanto de responsabilidades que lhes competiam, se evidenciando nos seus modos afáveis quanto de uma grandeza d'alma indiscutível, enquanto se entretinham a se estender sobre este ou aquele pormenor da iniciativa que lhes cobrava maior atenção, maiores cuidados prévios, amor e dedicação, a fim de que nada, ou muito pouco, contrariasse mais aquela tentativa de reconciliação entre almas pelos caminhos santificados do amor sublime nas sendas tortuosas do mundo, dentre tantas outras tentativas semelhantes, ignotas, incontáveis, que acontecem diariamente na extensão insuspeitada das moradas da espiritualidade perdidas no espaço infinito da Criação.

## Capítulo XXIV

# Enquanto o mundo dorme

Seguiam os dias terrestres, deixando seu rastro palmilhado por um sem-contar de seres que, se movimentando incessantemente no seu cotidiano repleto de preocupações e de interesses múltiplos, permanecem em grande número inconscientes de que a azáfama incessante que lhes consome os pensamentos e os minutos todos do tempo mais não comparece, na intimidade grandiosa e indescritível do universo, do que como sonho fugaz, diáfano, imperceptível nos vendavais dos movimentos cósmicos que arrastam, no seu bojo, astros gigantescos, populações, enredos maiores e de magnitude incomparável perante os dramas vertiginosos da materialidade terrena, cuja importância representa não mais que o aprendizado necessário a alguns poucos dos nossos instantes na eternidade, inseridos em contexto muito mais vasto.

Naquele cair da noite, dirigia-me, dividido entre um profundo estado de paz e de saudosismo, ao endereço onde me atraía diariamente o desenrolar das peripécias vividas na materialidade pela minha assistida, que àquela altura do seu estágio carnal já superara, sob a nossa supervisão atenta, a maior parte dos grandes desafios com os quais se comprometera com personagens-chave a ela ligados solidamente, a partir das tramas longínquas do passado.

Alcançava-lhe, pois, a intimidade do lar, onde naquele momento se demorava com os seus familiares de então, naturalmente sem ser percebido, muito embora, com a sensibilidade mediúnica extraordinariamente apurada, vez por outra ela me intuísse com bastante clareza a presença atenta e zelosa, propiciando a que nos avistássemos com frequência durante o período de seus desligamentos noturnos do corpo físico, através do sono.

Observei, pois, e experimentando sensações contraditórias em meu universo emocional, o quadro de então.

Demorava-se a sua filha mais velha na leitura de um livro que lhe absorvia por completo a atenção, no ambiente de seu quarto de dormir, já preparada para o repouso da noite após o jantar em família havido há pouco. Ocupava-se, a minha assistida, em acomodar para o sono também o menino mais novo, e este de meu interesse especial, já que guardava para com ele no íntimo profundos vínculos afetivos originados em vidas anteriores, distanciadas no tempo, nas quais me compareceu aos cenários corpóreos como um filho dileto da alma.

Sob os efeitos salutares do carinho materno, pois, a criança adorada já se abandonava com facilidade ao soninho, por intermédio do qual soltava com facilidade os liames que lhe prendiam o espírito ao corpo, ao qual até há pouco se jungia ainda por laços frouxos, dada a sua pouca idade.

Neste ponto, de inopino, apresenta-se a meu lado, no ambiente silencioso do cômodo, irmã sorridente da nossa esfera de vida. Eu a conhecia, e sabia de antemão a que propósito vinha. Era Verônica, uma das responsáveis, em Elysium, pelo zelo das crianças durante seu período de desprendimento noturno. Afeiçoada daquele grupo familiar, diariamente comparecia para ocupar-se de Cláudio, o menininho agora adormecido, eventualmente se fazendo acompanhar também de Valéria, sua irmã mais velha entretida com a leitura no outro quarto.

— Caio Fábio! Bom ver-te novamente.

Abraçamo-nos com naturalidade e prazer, ao mais uma vez nos encontrarmos, envolvidos nos cuidados a pessoas igualmente queridas em estadia temporária na matéria.

E, passando de imediato ao que a atraía pontualmente, todas as noites, até o ambiente daquele cômodo infantil, de onde a mãe da criança agora se ausentava, cautelosa de não despertar o pequeno filho com algum ruído intempestivo, comentou:

— Bem... eis que já dorme e desperta aqui, ao nosso lado — comentou, jovialmente, aproximando-se, na minha companhia, do leito confortável e repleto de brinquedos a seu redor. E Verônica me dirigia o olhar cristalino e cheio de simpatia. — É uma eventualidade feliz o te achares aqui, neste exato momento. Em dando com o antigo pai terreno, quem sabe não haja algum reconhecimento teu, em algum nível?

Mas, a isto, não me mostrei tão otimista.

— Neste estágio de imersão na materialidade, com a memória para o passado mais distante totalmente obstruída? Pouco provável... — sorri-lhe com bonomia. — Talvez que simpatize comigo, em dando com a minha presença inopinada. Não conto com mais do que isto, para o momento.

Silenciamos um pouco. O menino de olhar vívido redespertou com facilidade na nossa dimensão e, meio atordoado a princípio, voltou para nós a sua atenção.

Em reconhecendo Verônica, sorriu-lhe de pronto. Mas a minha presença inesperada ali, naquele instante em que só lhe era familiar a visita usual da Amparadora risonha de Elysium, era razão flagrante de estranheza e provocava-lhe, notadamente, a curiosidade. Afinal, fazia-me presente naquele lar em conjuntura e horários diversos, atento aos rumos da família como um todo, mas abraçando como tarefa específica Lucilla, a sua mãe, estendendo eventualmente, a partir disso, os meus cuidados às crianças.

Todavia, sua mentora espiritual mais direta era Joyce, com quem guardava elos fortes de afetividade desde o passado remoto, e que, em comum acordo comigo, dedicava-se à assistência do menino enquanto eu atuava com maior detença nos episódios de vida da minha assistida.

Não obstante, era ainda e sempre aquele menino objeto obsessivo de minha veneração, de quem sabia das pendências graves a serem lapidadas no decorrer da sua trajetória futura, principalmente para com o seu pai de então e atual cônjuge de Lucilla, Fernando: um personagem ferreamente enredado ao meu próprio débito cármico, ao dela e aos daqueles filhos, que não por acaso lhe compareciam à convivência consanguínea naquela etapa, exclusivamente objetivando depurar defasagens graves de ordens emocionais e afetivas.

Talvez por isso tivesse Cláudio sido autorizado por Marcílio aos cuidados específicos de amigos outros de nossa morada espiritual; porque já representava o suficiente ao meu aprendizado como Amparador, naquele período, desfrutar da imensa satisfação de acompanhar os passos da minha tutelada particular. Zelar também por Cláudio, tão fortemente jungido atavicamente aos dramas críticos que envolviam a mim, a ele mesmo e a seu atual genitor terreno, nos séculos divididos na antiguidade romana, talvez que nos trouxesse, aos três, mais contratempos e frustrações do que conquistas efetivas de ordem evolutiva.

Cláudio, pois, abraçou Verônica ternamente e ficou me olhando, da transparência franca e cristalina dos seus poucos oito anos.

— Então, querido? Pronto para o nosso passeio de hoje?

O menininho fez que sim, sorrindo timidamente, mas não se viu encorajado para falar, constrangido com a minha presença.

Agachei-me ao seu nível, sem poder esconder o suficiente a emoção profunda que me dominava naquele minuto, em que mergulhei nos seus olhos curiosos de infante toda a intensidade do afeto que lhe dedicava.

— Filho: conheço-te, e à mamãe e a tua família, então vim vos visitar. Sou amigo de Verônica. Faz tempo que não me avisto contigo e quis ver-te, antes que saias a passeio, como fazes todo dia.

— Mas não me lembro de ti — veio de pronto a resposta sincera, ainda intimidada, levando-me a sorrir daquilo; bem-disposto, busquei não retê-los muito para não atrapalhar o bom andamento do que a amiga comum de Elysium realizava junto àquela criança adorada, com tanto carinho e eficiência.

— É natural — respondi. — Faz tempo que não nos avistamos... Mas não quero atrasá-los na saída. Quis apenas ver-te, matar as saudades, dar-te um beijo. Posso? — arrisquei. Ao que Cláudio, nada obstante de perfil sempre dócil, fez um hesitante sim, porque evidenciava-se que, a despeito da ausência de lembranças a meu respeito, simpatizava comigo intuitivamente.

Não podendo comigo, mais que beijá-lo, atraí-o, sem resistência, num abraço estreito, comovido, demorado.

Compreensiva, Verônica apenas assistia, aguardando.

Quando o devolvi às suas providências, levantando-me, e momentaneamente impedido de falar, silenciado pela emotividade insistente que me umedecia os olhos que logo cuidei de secar, a pulso de brio e de zelo para que o menino não se desse conta da minha reação incompreensível, ela observou, a título de curiosidade:

— Visitaste a casa? Reparaste na bem-vinda atmosfera de tranquilidade que por aqui domina desde as tuas últimas vitórias, realizadas na assistência que dedicas à tua pupila? Fernando lá se encontra, em palestra saudável de caráter familiar com Lucilla; e Valéria, a esta altura, em seu cômodo, mais feliz e reconfortada, ensaia entregar-se ao sono, devaneando sobre seu mais assíduo pretendente nos últimos meses.

Sorrimos ambos, divertidos, a esta última observação.

— Cheguei neste momento, Verônica, e, de passagem pela sala, vim ter direto a este quarto em busca de Lucilla, no momento mesmo em que ela acabava de acomodar o menino e se retirava.

Ela assentiu, ainda risonha. Segurou-me afavelmente por um braço, em despedida, acrescentando um comentário final antes de deixar o local, abraçada a Cláudio:

— Tudo vai caminhando bem, Fábio. Ainda melhor do que o planejado. Agradeçamos a Jesus por todas as oportunidades inesgotáveis de melhoria e de empenho por uma vida de mais amor, de mais felicidade, de maior harmonia entre todos.

— Assim seja — confirmei-lhe a prece breve.

Saíram. Ao deixar o quarto, visivelmente satisfeito das coisas, o adorado filho de tantas etapas anteriores ainda me dirigiu um sorriso encantador, acenando-me, e recebendo de volta uma piscada de olho cheia de amor mal disfarçado, que lhe enderecei de onde estava.

Sabia bastante das estradas cheias de percalços e de desafios ríspidos que aquela criança tão afim à minha alma ainda teria que percorrer nas estradas do tempo. Todavia, não esmorecia no ânimo nem na fé.

Sempre venceremos, sob o amparo infalível do amor, da insuspeitada dedicação dos que nos auxiliam, a qualquer tempo, e a partir das múltiplas esferas da vida, no entendimento e na realização progressiva do manancial inesgotável de recursos e de forças dos quais dispomos como herança eterna, apenas à espera de que nos sintonizemos devidamente na faixa correta que os magnetize, do nosso íntimo, para a tona de nossas atitudes, pensamentos e iniciativas, que afinal nos situarão no mundo melhorado de todos os nossos mais acalentados sonhos.

Epílogo

# *Necessária advertência*

Caminhamos pelas ruas abarrotadas de vida e de movimento da atualidade das dimensões materiais terrenas. Para todo canto, agitação, desolação, lutas, desafios de maior ou de menor porte a serem desbravados e transcendidos nas conquistas individuais do cotidiano.

A humanidade atravessa os seus dias em ritmo vertiginoso, à caça dos interesses em voga do momento, em sua ainda maioria sem ao menos suspeitar de que é observada, assistida, acompanhada de maneira pertinaz por parceiros espirituais, das esferas invisíveis dos mais impensáveis matizes, a lhes devassar pensamentos que julgam hermeticamente resguardados do conhecimento alheio; interferindo nas suas decisões de maior ou de menor peso, em muitos dos casos de fato os arrastando a tais ou quais atitudes, nos casos de domínio obsessivo de maior ou de menor gravidade.

A despeito da elevada e grata tarefa dos mentores da invisibilidade, com efeito, persistem os lances cotidianos mais numerosos da obsessão. E não nos referimos, aqui, à obsessão como fato incidental, se dando à revelia dos que dele se veem vítimas. Aludimos aos episódios massivos de ascendência obsessiva francamente autorizada pelos que dela se fazem objetos; autorização esta efetivada pelas indefectíveis leis da sintonia vibratória de ordem espiritual, originada na invigilância de incontáveis seres humanos para com as suas preferências, atitudes, pensamentos e iniciativas as mais comezinhas, na sucessão inexorável dos minutos do cotidiano.

Daí, exclusivamente, nascem os episódios lastimáveis das tragédias e desavenças domésticas, destruindo inumeráveis lares destinados preliminarmente a santuários dos agrupamentos familiares que, reunidos na intimidade da vida corpórea, carregam consigo seculares compromissos de amor requisitando remissão; os fatos desesperadores dos desvios na mais tenra juventude, perdida precocemente para os abismos sombrios da marginalidade criminosa; as notícias espantosas de guerra armada entre nações, em nada divergindo dos lances sinistros arrastados pelos capítulos mais funestos da história da humanidade à exceção da sofisticação maléfica da maquinaria contemporânea da guerra, produzida com esmero e ao custo de somas assombrosas para a única finalidade de extinguir preciosas vidas em curso de aprendizado no mundo. Desde a discórdia supostamente inocente entre irmãos da mais tenra idade, dando-se sob a invigilância inconsciente dos pais responsáveis por sua orientação no período mais incipiente de suas vidas, até a atrocidade mais cruel presente nos escaninhos obscuros dos embates entre os povos, o que se conclui é pela magnetização ensandecida, a partir dos próprios indivíduos assim martirizados, das energias tortuosas da violência e dos desenganos, por pura escolha, em lamentável estado de inconsciência das leis indefectíveis que nos regem as vidas, e que nos requisitam, em prol de nossa mesma felicidade, apenas que nos deixemos conduzir pelas vagas suaves e imaculadas do amor!

Assim, queremos aludir que, se incontáveis são os episódios sublimes em que o padrão mais apurado da afetividade humana proporciona o laço fraterno entre Amparadores do invisível e seus tutelados mergulhados na vida carnal, suscitando a estes precioso reforço da Providência, o que envidamos, incansáveis, para o fortalecimento de suas qualidades e capacidades para bem transcender as lições valiosas da estadia corpórea, de outro lado, imprescindível encerremos este despretensioso volume envidando necessária advertência, com o objetivo, ainda desta feita, ditado pelo amor fraterno para com os nossos leitores, de alertar-vos para o *orai e vigiai*, persistentemente, a cada lance diário que vos requisite decisões, atos e gestos de maior e de menor importância, para consigo mesmos e para com o vosso próximo.

Recordeis amiúde o império irresistível das energias sob o qual se movimentam não apenas o vosso lar, bairro ou cidade, e suas populações, mas também toda a majestade indescritível do universo, em regime constante de imantação através das afinidades.

Caros amigos: mencionando, ainda desta vez, o Mestre inigualável da Galileia, observeis que, a qualquer tempo, *a semeadura é livre, mas a colheita, obrigatória!* Inadmissível que imagineis flores nos vossos caminhos se distribuís ao vosso redor pedras ásperas. Se desejardes, portanto, contar com o amparo de amor mais efetivo nas tramas dos vossos destinos de hoje e de qualquer tempo, sutilizeis as vossas próprias vibrações e realizações aos padrões suaves da fraternidade, da amorosidade.

Mero esforço de observação: os que se perdem nos abismos dos ódios, das desavenças, do desespero, muito ódio e amargor devem irradiar, habitualmente, de si mesmos. Nas mínimas preferências e pareceres que vos constroem as personalidades transitórias passardes radiografia límpida das vossas energias interiores.

Se, pois, lançardes mansuetude à vossa volta, contareis, quando muito, com a incompreensão dos que ainda não podem entender — todavia, quão cercados de amigos, de benfeitores de ambas as dimensões, ponderável e imponderável, da vida se verão os que assim nutrem, a partir de si mesmos, o remanso inigualável dos padrões de vida das mais altas esferas. Impossível descrever-vos fielmente, no vocabulário obscuro das expressões terrestres, as infinitas nuances, a totalidade desta realidade sublime, que, sem embargo, por antecipação presenteiam o íntimo destes, que baixam à Terra fielmente comprometidos com os liames mais excelsos residentes em toda alma.

A espiritualidade mais alta, diretora dos mundos e destinos dos povos em marcha ascensa nas inumeráveis dimensões da vida, jamais vos deixa à deriva; todavia, cabe a vós a atitude decisiva de formular as vossas escolhas, porque, caros, no território do livre-arbítrio nem mesmo os grandes mestres interferem, já que nele reconhecem a ferramenta mais eficaz para o burilamento efetivo dos vossos espíritos.

Assim, e não obstante acompanhemos de perto, diariamente, os resultados funestos das mais graves agruras que ainda flagelam a humanidade, dispomo-nos, naturalmente, a acorrer em vosso socorro com tudo o que nos esteja ao alcance para o vosso reconforto e para o alívio das chagas nas vossas almas. Menos, contudo, violentando a vossa vontade, a vossa capacidade de escolher. Pois nisso reside um território sagrado ao qual mesmo o Criador vos reserva o direito de privacidade, ainda que daí resultem os vossos mais acérrimos sofrimentos.

Porque serão, estes sofrimentos, o remédio amargo, porém salutar, que vos desviará, espontânea e gradativamente, a atenção dos acanhados prazeres fugazes quão traiçoeiros oriundos do orgulho, do egoísmo, do materialismo cego e da ambição que ainda vos escravizam, para os cenários leves, banhados de luzes e de perfumes, e de prazer real e definitivo, a vos aguardar, radiosos, logo mais à frente, bastando, para tal, que apenas vos desfaçais das ilusões dos caminhos da dor, para ingressar-vos, definitivamente, e de direito, nos santuários universais permanentes do amor, a nos acolher em tempo certo, como a nossa mais garantida e bem-aventurada herança!

Em afeição fraternal,

*Marcus Licínio*

*Caio Fábio Quinto*

*Rio de Janeiro, 14 de janeiro de 2009.*

# Leia os romances de Schellida!
## Emoção e ensinamento em cada página!
## Psicografia de Eliana Machado Coelho

O Brilho da Verdade

Samara viveu meio século no Umbral passando por experiências terríveis. Esgotada, consegue elevar o pensamento a Deus e ser recolhida por abnegados benfeitores, começando uma fase de novos aprendizados na espiritualidade. Depois de muito estudo, com planos de trabalho abençoado na caridade e em obras assistenciais, Samara acredita-se preparada para reencarnar.

Um Diário no Tempo

A ditadura militar não manchou apenas a História do Brasil. Ela interferiu no destino de corações apaixonados.

Despertar para a Vida

Um acidente acontece e Márcia, uma moça bonita, inteligente e decidida, passa a ser envolvida pelo espírito Jonas, um desafeto que inicia um processo de obsessão contra ela.

O Direito de Ser Feliz

Fernando e Regina apaixonam-se. Ele, de família rica, bem posicionada. Ela, de classe média, jovem sensível e espírita. Mas o destino começa a pregar suas peças...

Sem Regras para Amar

Gilda é uma mulher rica, casada com o empresário Adalberto. Arrogante, prepotente e orgulhosa, sempre consegue o que quer graças ao poder de sua posição social. Mas a vida dá muitas voltas.

Um Motivo para Viver

O drama de Raquel começa aos nove anos, quando então passou a sofrer os assédios de Ladislau, um homem sem escrúpulos, mas dissimulado e gozando de boa reputação na cidade.

O Retorno

Uma história de amor começa em 1888, na Inglaterra. Mas é no Brasil atual que esse sentimento puro irá se concretizar para a harmonização de todos aqueles que necessitam resgatar suas dívidas.

Força para Recomeçar

Sérgio e Débora se conhecem a nasce um grande amor entre eles. Mas encarnados e obsessores desaprovam essa união. Conseguirão ficar juntos?

Lições que a Vida Oferece

Rafael é um jovem engenheiro e possui dois irmãos: Caio e Jorge. Filhos do milionário Paulo, dono de uma grande construtora, e de dona Augusta, os três sofrem de um mesmo mal: a indiferença e o descaso dos pais, apesar da riqueza e da vida abastada. Nesse clima de desamor e carência afetiva, cada um deles busca aventuras fora de casa e, em diferentes momentos, envolvem-se com drogas, festinhas, homossexualismo e até um seqüestro.

# Obras da médium Maria Nazareth Dória Mais luz em sua vida!

A SAGA DE UMA SINHÁ (espírito Luiz Fernando - Pai Miguel de Angola)
Sinhá Margareth tem um filho proibido com o negro Antônio. A criança escapa da morte ao nascer. Começa a saga de uma mãe em busca de seu menino.

LIÇÕES DA SENZALA (espírito Luiz Fernando - Pai Miguel de Angola)
O negro Miguel viveu a dura experiência do trabalho escravo. O sangue derramado em terras brasileiras virou luz.

AMOR E AMBIÇÃO (espírito Helena)
Loretta era uma jovem nascida e criada na corte de um grande reino europeu entre os séculos XVII e XVIII. Determinada e romântica, desde a adolescência guardava um forte sentimento em seu coração: a paixão por seu primo Raul. Um detalhe apenas os separava: Raul era padre, convicto em sua vocação.

SOB O OLHAR DE DEUS (espírito Helena)
Gilberto é um maestro de renome internacional, compositor famoso e respeitado no mundo todo. Casado com Maria Luiza, é pai de Angélica e Hortência, irmãs gêmeas com personalidades totalmente distintas. Fama, dinheiro e harmonia compõem o cenário daquela bem-sucedida família. Contudo, um segredo guardado na consciência de Gilberto vem modificar a vida de todos.

UM NOVO DESPERTAR (espírito Helena)
Simone é uma moça simples de uma pequena cidade interiorana. Lutadora incansável, ela trabalha em uma casa de família para sustentar a mãe e os irmãos, e sempre manteve acesa a esperança de conseguir um futuro melhor. Porém, a história de cada um segue caminhos que desconhecemos.

JÓIA RARA (espírito Helena)
Leitura edificante, uma página por dia. Um roteiro diário para nossas reflexões e para a conquista de uma padrão vibratório elevado, com bom ânimo e vontade de progredir. Essa é a proposta deste livro que irá encantar o leitor de todas as idades.

MINHA VIDA EM TUAS MÃOS (espírito Luiz Fernando - Pai Miguel de Angola)
O negro velho Tibúrcio guardou um segredo por toda a vida. Agora, antes de sua morte, tudo seria esclarecido, para a comoção geral de uma família inteira.

# Leia este envolvente romance do espírito Margarida da Cunha

## Psicografia de Sulamita Santos

### Doce Entardecer

Paulo e Renato eram como irmãos. O primeiro, pobre, um matuto trabalhador em seu pequeno sítio. O segundo, filho do coronel Donato, rico, era um doutor formado na capital que, mais tarde, assumiria os negócios do pai na fazenda. Amigos sinceros e verdadeiros, desde jovens trocavam muitas confidências. Foi Renato o responsável por levar Paulo a seu primeiro baile, na casa do doutor Silveira. Lá, o matuto iria conhecer Elvira, bela jovem que pertencia à alta sociedade da época. A moça corresponderia aos sentimentos de Paulo, dando início a um romance quase impossível, não fosse a ajuda do arguto amigo, Renato.

### À Procura de um Culpado

Uma grande festa foi organizada por João Albuquerque de Lima e sua esposa Kim para comemorarem o sucesso e a expansão dos negócios dele, um empresário carioca proprietário de uma rede de hotéis no Brasil e no exterior na década de 60. Excêntrico, João gostava de praticar tiro com os amigos mais próximos. Pensando em agradar o marido, Kim solicita a onze amigos mais íntimos de seu marido que levem suas armas: fariam uma competição de tiro ao alvo naquela noite. Terminada a festa, o silêncio se fez na mansão. Ao amanhecer, o corpo de João boiava na piscina...

# Livros da médium Eliane Macarini

## Romances do espírito Vinícius (Pedro de Camargo)

### Resgate na Cidade das Sombras

Virginia é casada com Samuel e tem três filhos: Sara, Sophia e Júnior. O cenário tem tudo para ser o de uma família feliz, não fossem o temperamento e as oscilações de humor de Virginia, uma mulher egoísta que desconhece sentimentos como harmonia, bondade e amor, e que provoca conflitos e mais conflitos dentro de sua própria casa

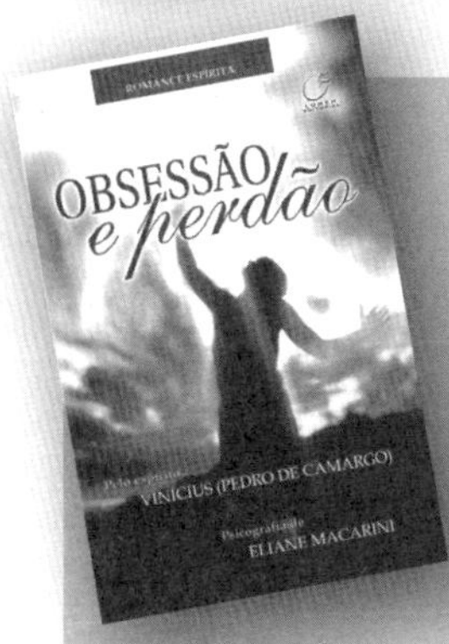


### Obsessão e Perdão

Não há mal que dure para sempre. E tudo fica mais fácil quando esquecemos as ofensas e exercitamos o perdão.

### Aldeia da Escuridão

Diego era um espírito duro, chefe de uma falange que habitava a Aldeia da Escuridão. Decidido a vingar-se de inimigos de séculos atrás, na Espanha, ele agora reencontra todos os seus desafetos reencarnados no Brasil, vivenciando um novo enredo para a reparação dos erros: Vitor, um médico pediatra especializado em oncologia, Mara, uma psicóloga que trabalha com crianças vitimadas, doutor Adalton, um bondoso e experiente médico espírita, e Sônia, uma boa amiga com dois filhos e perseguida pelo marido, Adamastor, entre outros personagens emocionantes.

Tenepes